School Curriculum for Educators

학교교육과정을 하다

강민진·김태선·안장수·이동철
이은진·이지혜·전혜미 공저

박영
story

머리말

교육과정은 교육이 나아가야 할 방향, 교육의 내용과 방법, 그리고 평가 방법에 이르기까지 교육을 하는 데 필요한 모든 과정을 포함하고 있다. 학교교육을 고민하는 우리는 교육과정으로 배우고 가르치는 사람에 관한 이야기를 해야 하며 그 과정이 교사와 학생에게 어떠한 의미가 있는지를 살펴야 한다. 교육과정은 본질과 실존의 고민을 포함한다. 이는 교육의 이상과 현실에 대해 고민하는 것이다. 학교교육과정에는 교육의 본질에 관한 이야기와 구체적인 교사와 학생의 삶의 이야기가 함께 담겨 있다.

그러나 교사에게 학교교육과정의 의미는 무엇인가? 교사에게 학교교육과정은 늘 옆에 있지만 의식되지 못하는 공기로서, 때로는 성가시게 만들고 신경 쓰이게 하는 쓸모없는 명사로서, 시수와 진도표로 채워진 종이 뭉치로서 존재해왔다. 학교교육과정은 왜 이렇게밖에 체감되지 못하는가. 교육의 또 다른 주체라 불리는 학생과 학부모에게도 학교교육과정은 무의미한 존재가 되곤 했다. 이러한 현상의 원인은 학교교육과정에 교육 주체의 목소리를 담지 못하고 그들의 말로 설명하지 못하였기 때문이리라. 오히려 교육과정의 의미를 생각하지 않는 편이 훨씬 편안하게 느껴지는 현실이 되어버렸다. 그럼에도 교사는 현장에서 교육과정을 짜고, 교육과정을 운영하며, 교육과정을 평가하는 사람으로 살아간다.

아이들은 무엇을 배워야 하고 어떻게 배우는가. 교사는 평생에 걸쳐서 이 문제를 품고 사는 사람들이다. 교사에게 있어 실존의 문제라고 할 수 있는 이 질문은 낯설게 되뇔수록 교사 내면을 변화시킨다. 교육과정을 실행하는 교사는 교육과정을 자신의 말로 이해하고 설명할 수 있어야 한다. 학교교육과정에 대한 교사의 설명은 확실한 하나의 답을 구하는 것이 아니라 끊임없이 질문을 던지며 알아가는 일에 가깝다.

나와 내가 속한 학교의 교육과정이 왜 안 되는지를 묻고 고민하는 것은 교사로서의 열정과 치열한 삶의 모습이다. 이러한 삶을 지속하기 위해서 학교교육과정은 함께 해야 한다는 결론에 다다랐고 이 책은 그 과정을 밟으며 고민했던 우리들의 분투기이다.

교사로서의 삶은 누군가의 배움을 위한 것이다. 배움이라는 것은 앎이고 그 앎은 앎의 주체들의 삶과 연결되어야 의미를 가진다. 이와 같은 연결을 위해서는 좋은 학교교육과정이 필요하다. 이는 한 시간의 수업, 우리 반만의 교육과정, 교사 개인의 능력을 발휘할 수 있는 단편적 나열이 아니라 사람과 사람이 함께 하는 안간힘이다.

따라서 우리는 늘 서로에게 환경이다. 이것이 우리가 교실 문을 열고 밖으로 나와야 하는 이유다. 물론 교실 문밖에서 만난 동료들과의 관계도 녹록지만은 않다. 학교교육과정은 서로 다른 생각을 가진 구성원들의 계속된 의사결정 과정이다. 그곳에는 각 교사가 빚어낸 역동적인 힘과 문화가 존재한다. 우리는 그 안에서 서로가 어떤 선택을 하고 어떤 행위를 하는지, 그 힘을 어디로 이끄는지 보는 눈을 가지게 된다. 학교교육과정 안에 얽혀있는 집단의 힘과 문화, 시스템을 보며 다룰 수 있다는 것은 우리 스스로가 주체임을, 동시에 서로가 연결된 환경임을 다시 한번 의식하는 것이다. 이는 교문 밖의 세상으로도 이어진다. 학교와 마을, 지역, 생태계, 세계의 변화와 연결하는 학교교육과정을 통해 우리는 그 이상으로 나아간다.

교사로 살아가는 우리는 매년 다른 학생들을 만나게 된다. 한 학교에서의 재직기간이 끝나면 다른 학교로 떠난다. 하지만 학생과 학부모의 입장에서는 6년이라는 긴 시간을 같은 학교에서 살아가게 된다. 학생들이 한 학교에서 보내는 6년의 삶을 생각해보면 학생에게 가장 크고 밀접하게 영향을 미치는 것은 학교교육과정이다. 학교교육과정이 저마다의 빛깔을 찾고 학생들의 특성과 맥락을 추구하는 교육과정 분권화 체제에서는 학교마다 서로 다른 학교교육과정에 대한 이야기가 필요하다. 학생의 삶을 중심에 두고 학교가 자율적으로 가르쳐야 할 내용과 방식을 결정할 수 있도록 학교교육과정의 권한과 범위가 더욱 확대되어야 한다.

이를 위해서는 교사, 학생, 학부모, 지역사회가 함께 이야기하여 분리할 수 없는 학생의 총체적인 삶을 학교교육과 단단하게 연결해야 한다. 그래야만 학교교육과정이 살아있는 유기체로서 실천적인 힘을 가질 수 있다. 교육의 전문가인 교사들이 학교교육과정의 토대를 만드는 숙의의 장에 다른 구성원을 초대하는 과정을 감당할 준비가 되어야만 학교교육과정이 종국에는 스스로 교육내용을 선정하는 권한을 가지게 될 것이다.

우리는 이 책에서 어떤 눈으로 학교교육과정을 바라보고 어떻게 경험했는지를 이야기할 것이다. 실천적 지식인으로서 교사가 암묵적으로 행해왔던 학교교육과정을 낯설게 보고 교육의 실천가이고 교육의 주체로서 어떻게 교육내용과 방법을 결정하고 어떻게 실천하였는지를 이야기하려고 한다. 그래서 우리가 행해왔던 학교교육과정의 의미를 발견하고 새로운 이야기를 만들어 보려고 한다.

우리의 이야기는 교육과정을 학생과 교사의 주체적인 삶, 협력과 문화를 통한 관계, 그리고 제도화하는 시스템과 구체적 실현의 프로세스로 나누어 이야기할 것이다. 이러한 이야기를 통해 우리는 인간의 삶에서 경험으로서의 교육과정의 힘을 부인하고 삶의 의도성을 무시하는 문서로서의 교육과정의 문제를 극복하고자 한다. 또한 문서에서 했던 말과 교실에서 행하는 실천의 괴리 속에 학교에서 소외된 삶을 살아가는 교사 자신을 되짚고자 한다. 이를 통해 교사가 지적으로도 실제적으로도 황량한 이 교육과정의 문제를 자신의 경험을 통해 의미화함으로써 교육과정의 주체로서 성장할 수 있을 것이라 기대한다.

이 저서는 김태선 외(2019)의 연구를 기반으로 하였습니다. 심층면담, 성찰일기, 협의록 등의 사례는 학교에서 교사들이 경험할 수 있는 다양한 상황의 이야기로 독자의 이해를 돕고자 한 것입니다.

추천사

'교육과정을 하다'는 인천초등교육과정연구소 선생님들의 두 번째 책입니다. 첫 번째 책인 '교육과정을 뒤집다'가 나왔을 때 선생님들의 도전에 놀랐습니다. 그런데 이 두 번째 책을 보며 선생님들의 깊이 있는 사유와 실천에 다시 한 번 놀랐습니다.

저 역시 교사로서의 삶을 살아왔기에 교육과정을 실천한다는 것의 어려움과 힘듦을 잘 알고 있습니다. 학교 현장에서 아이들에게 어떤 내용으로 어떻게 가르치는 것이 좋을지 끊임없는 고민을 담은 이 책이 그래서 반갑습니다.

'지식으로서의 앎에서 역량으로서의 앎'으로의 패러다임 대전환 시기인 지금, 학교교육과정에 대한 선생님들의 고민은 변화의 주체로서의 행보라고 생각합니다. 역량은 삶의 힘입니다. 삶의 힘은 학생들이 다양한 배움을 통해 더 나은 삶의 의미를 경험함으로써 풍부해지고 커질 것입니다.

이 지점에서 미래의 교육은 학생들이 배운 지식과 경험이 자신의 삶터에서 삶을 성장시킬 수 있는 방향이 될 것입니다. 따라서 학교교육과정은 학생들이 현재 딛고 있는 지역과 학교를 소재로 삼아 세계를 확장하는 통로로서의 기능을 회복해야 합니다.

인천초등교육과정연구소 선생님들의 학교교육과정을 바라보는 시각은 새롭습니다. 선생님들의 학교교육과정은 그저 낭만적인 관념과 공허한 구호가 아니라 선생님들의 이야기를 담고 있습니다. 이는 학생들의 삶의 힘을 목적으로 하는 교사 스스로 자신의 삶의 목소리를 찾는 주체성과 전문성의 표현입니다.

모쪼록 '학교교육과정을 하다'에 담긴 선생님의 목소리가 많은 선생님께 공명되어 학교교육과정이 모두에게 의미 있고 행복한 시간이 되길 소망합니다. 코로나19로 인해 앞당겨진 미래 교육의 관점에서 학교의 의미가 무엇이고 그곳에서 이루어지는 학교교육과정이 무엇인지에 대한 본질적인 질문을 해 볼 수 있는 귀한 책이 될 것입니다.

도성훈(인천광역시 교육감)

• • • • • • • • • • •

교육과정을 타다?

이 책이 담고 있는 내용이 기차를 타고 낯선 곳으로 여행을 떠나며 겪게 되는 과정과 흡사하다는 생각을 했다. 교사는 목적지를 향해 달리는 교육과정이라는 열차에 학생이라는 승객을 태운다. 아이들은 저마다 다른 승차 칸에서 목적지에 이를 때까지 자신의 결을 만들어간다. 목적지에 다다른 아이들은 역에서 내리고 또 다른 아이들이 열차에 오른다. 우리는 원대한 목적지를 향해 광야를 달려 나간다. 작가들은 달리는 열차를 안팎에서 바라보며 관찰한다. 그리고 이 책을 읽는 선생님들에게 끊임없이 속삭인다.

"선생님은 교육과정이라는 열차에 타고 있어요. 이 여정을 우리와 함께해요."

어떻게 읽을까?

순서를 따지지 않아도 좋을 듯하다. 거꾸로 읽든 바로 읽든 맥락은 끝에서 처음에서 중간에서도 만날 수 있다. 소제목을 찾아 다시 재구성해서 읽으면 어떨까? 나의 빛깔로 재해석해 보는 별미를 느낄 수 있을 것이다. 밑줄을 긋거나 메모하기보다는 아하, 어허, 에구, 이런 추임새를 넣으며 읽는 방법은 어떨까? 간이역처럼 쉼과 쉼을 읽고, 읽은 길을 되돌아보면 어떨까? 흐릿하던 것들이 다시 선명하게 보일 수도 있을 것이다. 다 함께 모여 웅얼웅얼 읽고, 도리도리 말하면 어떨까? 그곳에서 참이 나와 우리가 거짓을 생성했던 것들을 모두 녹일 수도 있을 것이다.

이 책을 읽으면서, 안에서 밖을 보고 밖에서 안을 보면서 끊임없이 달리는 열차를 보는 것처럼 교육과정의 내외재적 모습이 풍경으로 들어왔다.

교육과정이라는 기차가 달릴 수 있도록 철길을 놓는 데 혼신을 다하신 열정 가득한 김태선 연구사님을 비롯한 작가님들께 감사 드립니다.

유충열(인천시교육청 동아시아국제교육원장)

• • • • • • • • • • •

이 책은 교육과정에 관해서 고민했고, 실패했고, 공부했고, 실천했던 사람들의 이야기를 담고 있다. 교육과정을 생각할 때, 우리는 기계적으로 한국교육과정평가원이 만들어 낸 문서로서의 교육과정을 먼저 떠올린다. 혹은 지침의 무게 앞에 주눅이 들곤 한다. 당위적인 말들이 교실 현장에서 '살아내야 하는' 존재들에게는 위로가 되지 않는다. 속으로 '교육과정 총론을 아름답게 쓴 당신이 한 시간이라도 교실에서 수업을 해보고 말하라'는 부아가 치밀어 오르기도 한다.

이 책은 존재로, 삶으로, 실행으로 만나는 교육과정의 실제를 다루고 있다. 그렇기 때문에 공허하지 않다. 이 책의 매력은 진솔함에 있다. 일기장을 누군가에게 들킨 느낌이 든다. 교육과정은 당위가 아닌 존재의 문제로 다가온다. 현실에서는 두려움과 저항, 좌절이 누적된 패배의식에 우리들 각자는 놓여있을지 모른다. 입시와 욕망, 관료주의 등 구조적 한계의 문제에 우리는 매일매일 부딪히는 존재이다. 그럴 때마다 회피하고 싶다.

저자들은 놀랍게도 정면승부를 걸고 있다. 하지만 비장하게 느껴지지 않는다. 담백하면서도 꾸준한, 그러나 지혜로운 전략을 사용한다. '혼자'가 아닌 '함께'하는 길을, '고립된 자아'가 아닌 '협력하고 소통하는 학습 공동체'의 길을, '단선적 접근'이 아닌 '시스템 사고'의 길을, '개인 차원의 실천'이 아닌 '학교 차원의 혁신'을 선택한다.

어느 교육과정이든지 철학과 이념, 목표, 가치의 이상은 높지만 현실에서는 오차가 발생한다. 그 오차를 좁히는 방법에 대해서 저자들은 치열하게 고민하고 있다. 저자들은 내러티브를 통해서 편안하게 교육과정의 실제를 다루고 있지만 이 책의 기저에는 상당한 이론과 철학, 사상이 깔려있다. 잘 우려낸 사골곰탕처럼 교육과정의 깊은 맛을 느낄 수 있다. 오랜 실천과 학습을 통해 완성된 저자들의 탁월한 교육과정 레시피에 감탄한다.

김성천(한국교원대 교육정책전문대학원 교수,

교육정책디자인연구소장)

• • • • • • • • • •

마침내 '쓸모없는 명사로서의 교육과정'이 사라졌다. 빡빡한 시간표와 관행에 가까운 문장들로 채워졌던 교육과정이 사라졌다. 그 자리에 사람과 삶이 들어섰다. 드디어 교육과정을 하기 시작한 것이다.

학교가 교육을 전담하던 시대가 저물고 있는 지금, 배움의 시공간이 삶의 전 영역으로 확장되는 시대가 펼쳐지고 있는 지금, 교육과정을 하는 것은 학습자와 교수자가 서로 만나고 뒤섞여 마침내 그 경계가 허물어지는 것이다. '교수'와 '학습'의 경계를 허물고 서로 함께 사는 것이다. 사람이 학생이 되어 학교에 가는 것이 아니라 학교가 사람의 삶의 일부분이 되는 것이다.

'학생'과 '교사'는 둘 또는 그 이상의 관계 속에서 잠시 맡게 되는 역할일 뿐이며, 그 역할은 상황에 따라 서로 바뀌기도 하고 또 다른 누군가가 그 일부를 담당하는 등 역동적인 관계가 유지될 때 비로소 온전한 의미의 교육과정을 할 수 있다. 따라서 교육과정은 하나로 고정될 수 없을 뿐만 아니라 미리 정할 수도 없다. 글에 비유하자면 계속해서 쓰고 고쳐 쓰는 것이고 파도에 비유하자면 끊임없이 들고 나는 것처럼, 교육과정을 하는 것은 매 순간을 처음처럼 하는 것이고 처음처럼 사는 것이다.

학교에서 사는 사람들의 실천이 학교 밖 이론가의 정의와 규정, 행정가의 계획과 지침에 갇히지 않고, 오히려 이론과 행정을 선도하기를 늘 소망하는 사람으로서, 추천사를 부탁받고 채 탈고도 끝나지 않은 귀한 글을 읽어 가다 문득 이런 생각이 들었다.

강민진, 김태선, 안장수, 이동철, 이은진, 이지혜, 전혜미. 7명의 선생님은 교육과정을 하면서 얼마나 많은 사람의 삶을 함께 살았을까? 그 삶들은 얼마나 다채로울까?

송민철(인천시교육청 장학사)

• • • • • • • • • •

단위 학교의 교사들이 함께 모여 자신들만의 교육과정 비전을 도출하고, 시퀀스와 스코프를 조정하며 함께 학교교육과정을 만들어나가는 일은 쉬운 일이 아니다. 당연히 해야 하는 일이고 해오지 않았냐고 반문하는 이도 있겠지만, 부끄럽게도 공동체성 측면에서 우리나라의 교육과정 풍토는 여전히 걸음마 단계에 머물러 있다. 이런 상황에서 익숙지 않은 길, 가보지 않은 길의 길잡이가 되어줄 반가운 책을 만났다. 실제에 기반하여 공감을 이끌어 내고, 이론으로 사고의 폭과 깊이를 확장하게 헤주는 이 책을 통해 많은 교사가 공동체성에 기반을 둔 학교교육과정 개발의 장에 입문하게 될 것이다. 늘 좋은 책으로 교사들을 자극하고 성장하게 만드는 저자 분들께 감사의 인사를 보낸다.

이윤미(전북 이리동산초등학교 교사)

목차

나의 교육과정은
나와 닮아 있다

교사로서 어떻게 살아가는가, 교사 정체성을 어떻게 형성해오고 있는가에 따라 각 교실의 교육과정은 달라진다. 그 다양한 교육과정의 모습, 교사로서 나는 무엇을 가르치고 있는가, 나의 학생들은 무엇을 배우고 있는가는 결국 교사로서의 나의 존재를 비추는 거울이 된다. 교사인 나에게 교육과정을 운영하는 일상은 익숙하면서도 교육과정과 얽혀있는 많은 것들이 어렵고 번잡하게 이루어져서 그 거울을 마주하기 어렵다. 이 일상이 힘겨워졌을 때 비로소 일시 정지 버튼을 누르고 그 교육과정을 운영하는 거울 속 나를 들여다보았다. 참 신기하게 나의 교육과정이 나와 닮아 있다.

파커 파머(Parker J. Palmer)는 "나는 나의 자아를 가르친다(I teach who I am)."라고 했다. 가르치는 행위는 인간의 내면에서 흘러나오는 것이며 교사는 가르치면서 자신의 영혼을 투영하는 것이다. 교실에서 교사가 학생을 관찰하고 가르치고, 평가하고, 학급을 관리하는 수많은 역할 속에 교사 자신의 삶과 고민이 반영된다.

교사로 살아온 삶을 성찰하기 위해 무엇을 돌아보고 살펴보아야 할까. 그 고민의 끝에 교육과정이 있었다. 교육과정을 통해 나를 비추어보는 그 과정은 내가 교사로 어떻게 살고 있는지 있는 그대로를 마주하는 시간이었다. 교사로서의 나를 직면하고 알아차리는 과정에서 불안과 혼란을 경험하기도 했다.

내가 이 과정을 공유하는 것은 나를 비롯한 교사들의 일이 무엇인지 그 의미를 발견하고자 함이다. 교육과정을 운영하면서 교사 안에서 일어나는 인식의 변화는 교사로서의 나의 삶에 자연스럽게 영향을 미치고 있었다. 교실 밖을 나와 동료들과 끊임없이 대화하고 학교라는 공간을 만나며 교사로서의 삶의 의미를 발견하게 되었던 그 기쁨을 나누고 싶다.

교육과정을 열정적으로 운영한다는 것

그동안 나에게 가장 인상적인 교육과정은 무엇이었는지 돌아본다. 잘 떠오르지 않는다. 안타깝게도 기억에 남는 교육과정이 없다. 나에게 교육과정이라고 하면 주로 학년부장이 학년 교육과정을 문서화 한 것, 그중에 내가 살펴볼 만한 것은 진도표 정도였다. 주어진 교과서 진도에 맞게 학년 진도에 뒤처지지 않기 위해 들여다보는 것이 교육과정이었다.

나는 주로 교과서를 중심으로 수업했다. 교과서와 지도서를 분석하여 가르쳐야 할 내용이 무엇인지 파악하고 다양한 자료와 활동을 더했다. 그러기 위해 온라인 커뮤니티에 접속하여 다른 선생님들은 같은 차시의 수업을 어떻게 실행했는지 찾아보았다. 동일한 차시의 여러 수업을 찾아 가장 좋아 보이는 활동, 수업 자료들을 추려서 나의 수업을 조직했다. 수업을 시작하며 보여 줄 영상 또는 이야기, 수업 흐름에 맞추어 발문과 이끌어 내야 하는 학생들의 대답까지 준비한 프레젠테이션, 학생들이 해야 할 활동 등을 빽빽하게 채워 넣었다.

나의 수업은 왜 이렇게 빈틈없이 꽉 채워져 있었을까? 나는 철저히 수업을 준비하고 계획함으로써 완벽한 교사의 이상적인 모습을 실행하고자 했다. 완벽함을 추구하는 교사는 자신이 맡은 학생들을 잘 이끌어야 한다는 강한 책임감을 가지고 있다. 이러한 모습은 교사에게 꼭 필요한 모습이기도 하다. 또한 자신의 성장을 위하여 높은 기준을 정하는 완벽주의적 성향은 자기 발전의 힘이 되기도 한다. 자신의 기준에 도달하려고 노력하기 때문에 성취동기가 높고 목적한 바를 이루었을 때 보람을 느끼거나 즐거움과 자부심을 갖게 된다.

그러나 교사가 교실의 모든 상황을 완벽하게 통제하는 것은 거의 불가능한 일이다. 교육과정은 교사가 미리 준비하고 계획한 대로만 운영할 수 있는 것이 아니다. 교실은 다양한 돌발적인 상황, 학생들의 각기 다른 반응이 상호작용하는 곳이기도 하다. 교육과정을 통해 명확한 결과와 확실한 답을 구할 수 없기에 완벽주의적 성향의 교사들은 심리적 어려움을 겪는다.

나는 왜 그렇게 완벽한 교사가 되고자 했을까. 교사가 되기 전 나는 부모나 교사, 존경하는 선배 등 타인으로부터 인정받고 싶어 하는 욕구가 강했다. 훌륭한 자식, 제자, 멋진 후배 등이 되기 위해 그들의 기준에 도달하고자 노력했다. 타인의 기대에 부응하기 위한 노력은 나를 교사가 될 수 있게 해주는 원동력이 되었고 나름 열정적인 교사로 살 수 있게 했다. 그러나 이러한 노력의 기준은 나 스스로가 정한 것이 아니었다. 교사가 되어 학교에서 만난 또 다른 타인, 동료 교사, 관리자뿐만 아니라 학생에게까지 기대에 어긋날까 염려하고 그들로부터 받는 부정적인 평가를 두려워했다. 오히려 나 자신을 엄격하게 평가하고 더 좋은 교사가 되어야 한다고 채찍질하기 바빴다.

한 차시의 수업을 위해 각종 자료와 활동들을 준비하여 학생들에게 효율적이라고 생각하는 방법을 제시하고 그대로 따라오게 했다. 학생들의 목소리를 들을 여유가 없이 그들의 이야기를 단편적으로 듣거나 교사의 의도대로 끌고 온 것이다. 이렇게 모든 것이 완벽한 교육과정의 주인공은 학생들이 아니라 바로 교사, 나였다. 처음부터 끝까지 촘촘히 짜인 나의 수업에 학생들이 목소리를 낼 공간은 없었다. 완벽한 성과가 나오지 않았을 때 학생들을 비난하거나 믿지 못하는 나의 모습을 발견할 수 있었다. 교사로서 나는 학생이 배울 수 있도록 가르치는 사람이 아니라 열심히 끌고 가는 사람, 지시하는 사람으로 존재하고 있었다.

교사의 존재론적 불안

완벽한 교사를 이상향으로 삼아 열심히 노력했지만 경력이 쌓여갈수록 교사로서의 나의 존재에 대한 불안은 커지기만 했다. 나는 교육과정을 빈틈없이 완벽하게 하고자 했고 수업에 대한 열정 또한 높았지만, 그 안에 나, 그러니까 '온전한 나'가 없었다. 교육과정에 온전한 나를 담지 못하고 애쓰기만 하는 나의 수업이 의미 있는 시간인지 끊임없이 회의감이 들었다.

교사는 교육과정을 운영하며 수많은 선택을 하게 된다. 그 선택의 결과는 학생들의 성장에 영향을 미친다. 선택의 순간에 홀로 서 있는 교사는 불안을 느낀다. 불안을 잠재우기 위해 나는 각종 연수를 들으러 다녔다. 여러 가지 교수학습법을 익히고 다른 사람들의 수업사례, 교육 이야기를 들었다. 연수를 듣고 따라하다 보면 학급의 모든 상황을 내가 교육적으로 훌륭하게 통제할 수 있는 더 능숙하고 완벽한 교사가 될 수 있을 것 같았다. 하이데거(Martin Heidegger)는 불안이 자기 자신으로부터 도피할 것인가 직면하여 자기 삶의 방식을 찾아갈 것인가를 선택하게 한다고 했다. 나는 그 선택에서 불안을 피하고자 유능한 교사들을 좇으며 나 자신으로부터 도피했다.

내가 중심을 잡지 못하고 나의 존재로 서지 못한 채 가져온 남의 것들은 그리 오래가지 못했다. 결국 수업은 교육과정이 실행되는 과정이다. 이것저것 배워온 것을 따라 하고 여기저기에서 활동들을 가져와 나열한 것은 수많은 교육과정 일부를 가져와 짜깁기한 것에 지나지 않았다.

교사들은 자신이 향하는 방향에 대한 감각, 교육과정에 대한 비전을 가질 필요가 있다. 이러한 비전을 바탕으로 교사 스스로 자신의 교육활동을 반성하고 실천할 수 있다. 교사는 외부에서 제안되는 여러 교육 방법을 무비판적으로 흡수하는 것이 아니라 자신의 교육과정 관점을 바탕으로 교사로서의 전문적 정체성을 가지고 교육과정에 임할 수 있어야 한다. 그러나 나는 교육과정에 대한 비전이 없이 연수 쇼핑을 통해 수용한 것들을 백화점식으로 나열했다. 나의 교육과정은 다시 모래알처럼 흩어지기 일쑤였다. 이것저것 유명한 교수법들을 다 가져와서 한 번씩 적용해 보았지만 학년말 우리 반에서 가장 기억에 남는 순간을 물었을 때 수업 시간이나 배운 것을 말하는 학생은 없었다. 라면 파티, 영화 보기, 피구는 생각이 나지만 수업 시간은 기억나지 않는다. 나는 교사로서 학생을 가르치는 사람으로 존재한 것이 맞는가. 교사로서 불안이 가라앉을 수 없었다.

눈감고 싶은 거 아니야?

불안한 채로 살아가던 어느 날 나에게 의미 있게 다가온 경험이 있었다. 5학년 담임을 맡은 해, 우리 반에 교우관계에 어려움을 겪고 있는 여학생(새별이)이 있었다. 새별이(가명)는 친구들과 잘 어울리지 못했고 위축된 모습으로 혼자 겉돌고 있었다. 신경은 쓰였지만 새별이의 문제가 표면적으로 드러나지 않았기 때문에 직접적으로 개입하지 않고 고민만 하고 있었다. 어떤 도움을 주어야 할지도 모르겠고 섣부른 개입이 새별이에게 도움이 되지 않을 것이라며 나 자신을 합리화시킨 것이다.

평소처럼 같은 학년 연구실에서 학생들 이야기를 나누며 새별이에 대한 고민도 꺼내 놓았다. 이런 고민을 듣고 지나가듯 던진 한 선생님의 말이 나에게 잊지 못할 한 마디가 되었다.

"결국 그냥 눈감고 싶은 거 아니야?"

수업을 그렇게 열심히 준비했고 각종 연수를 들으며 완벽한 교사가 되고자 노력했는데 우리 반 학생의 어려움을 눈감아버리는 교사라니. 순간 멍해지며 뒤통수를 망치로 한 대 세게 맞은 느낌이었다. 뭐라고 대답했는지는 기억도 나지 않는다. 그 한 마디에 내가 그동안 교육이라고 생각해 온 것들은 무엇이었는지, 교사로서의 나의 노력이 의미 있던 것인지 허탈해졌다. 나는 또다시 교사로서의 존재론적 불안과 마주했다. 동료 교사의 그 한마디는 교사로서의 나의 존재를 고민하고 성찰하게 했다.

이제까지 회피해 왔던 모습에서 벗어나 이번에는 스스로 나의 방식을 찾아 해결하고자 했다. 학급에서 어려움을 겪고 있는 새별이의 이야기를 진심으로 듣고 학급의 문제로 공론화하여 학생들과 대화를 나누기 시작했다. 이 과정에서 새별이의 교우관계가 완벽하게 해결되지는 않았지만 나는 담임교사로서 상황을 회피하지 않고 학생에게 필요한 도움을 제공하고자 노력했다. 학급에서 친구들과 이야기를 나누며 달라지던 새별이의 표정은 결코 잊을 수 없다.

교사로 살아가며 만나는 수많은 어려움은 교사에게 단순히 좌절만 안겨주는 것은 아니다. 내가 학생의 어려움을 회피하고 눈감고 있음을 마주했던 알아차림의 순간은 당혹스럽고 힘들기도 했지만 잠시 멈추어 서서 성찰할 수 있는 시간을 주었다.

그해 나의 성찰 경험은 교사로서의 나의 역할을 이해하는 관점의 변화를 가져왔다. 교사로서 학급 전체에 무엇을 제시할 것인가를 고민하던 관점에서 벗어나, 학생 개개인의 변화와 성장에 대해 깊이 생각해보게 되었다.

학생을 바라보기 시작하다

새별이를 만난 이후, 내가 담임으로 만나는 학생들을 학급 전체로 보지 않고 개인을 눈여겨보기 시작했다. 6학년 담임으로 만난 다훈이(가명)는 자존감이 낮아 수업 및 학급 활동에 소극적인 편이었고 교우 관계에도 어려움을 겪었다. 어떻게 하면 담임으로서 도움을 줄 수 있을까. 의도적으로라도 긍정적인 면을 발견하여 다훈이가 먼저 교실에서 살아나야 한다고 생각했다.

학급에서 교육과정을 운영하며 배움 공책을 함께 활용했다. 학기 초 배움 공책을 서서히 익혀가는 과정에서 다훈이의 공책이 눈에 들어왔다. 서툰 글씨이긴 하지만 여러 가지 색깔의 볼펜을 사용해 가며 단원명, 배움 주제, 내용 등을 정성껏 정리했다. 그것을 보고 다음날 우리 반 전체에게 보여주며 크게 칭찬해주었다. 학생들이 배움 공책에 익숙해지도록 정리를 잘한 친구들의 공책을 자주 보여주었는데, 그중 하나가 다훈이의 공책이었다. 학생들은 다훈이의 새로운 면을 보았다며 옆에서 함께 지지해주었다. 그 후 다훈이는 나날이 열심히 공책을 정리했고 그때마다 다훈이의 공책을 학생들에게 보여주며 다훈이의 긍정적인 면을 부각시켰다. 공책에 내용을 정리하려면 학습활동에도 열심히 참여해야 했고, 그 후 친구들이 다훈이를 보는 시선도 '화내면 무서운 친구'에서 '공책 정리를 잘하는 친구'로 점점 변해 갔다. 다훈이에 대한 교사의 피드백과 평가가 주변 친구들이 다훈이를 평가하는 새로운 기준 또는 필터로서 기능했다. 이는 시간이 지남에 따라 자연스레 다훈이의 교우 관계에도 긍정적인 영향을 주었다.

반면 학생의 성장에 도움을 주지 못하고 1년을 보냈다고 느낀 여학생도 있었다. 자신의 외모와 신체에 콤플렉스를 가지고 소극적이고 위축되어 친구들과 잘 어울리지 못하는 학생이었다. 내가 먼저 나서서 점심시간, 쉬는 시간에 희원이(가명)를 불러서 상담하고 고민해도 문제는 해결되지 않았다. 개인적으로 많은 대화를 나누었지만 막상 희원이가 자신의 능력을 발휘할 장은 교실에 없었다.

학생들 한 명 한 명의 강점을 찾아주고 이들의 성장에 도움이 되기 위해서 노력했음에도 불구하고 교실의 문제는 쉽게 해결되지 않았다. 개별적으로 학생들을 만나는 상담가로서의 교사의 역할에는 분명한 한계가 있었다. 학생 개개인을 바라보는 교사는 학생의 강점을 발견하는 것을 뛰어넘어 학생 스스로 자신이 유능하고 중요하며 가치 있다고 느끼게 해야 한다. 희원이를 포함한 모든 학생이 자신의 능력을 발휘할 장으로 교육과정에 관심을 갖기 시작했다.

경주마 교육과정을 알아차리다

교육과정에 대한 고민이 생기고 그것을 어떻게 해결할지 나누고 싶었으나 나의 어려움은 공감받기 쉽지 않았다. 교육과정은 학년 부장이 문서화 한 것이었을 뿐, 학년 공동의 것이 아니었다. 학년에서 교육과정에 대한 논의는 장학이 있을 때나 공개 수업이 있을 때를 제외하고는 단순히 수업 자료를 공유하는 정도로만 이루어졌다. 교육과정을 함께 고민할 수 있는 공동체가 필요했다.

새롭게 옮겨 온 학교는 교육과정 중심의 문화가 자리 잡은 학교였다. 교육과정을 학교의 중심에 두고 학교 전체가 유기적으로 움직인다. 교육과정을 설계하고 같은 학년이 협력해서 교육과정을 반복 수정해가며 만들어가는 것이 일상인 곳이다. 교육과정 협의, 수업 논의 등의 시간이 매일 같이 자연스럽게 이어졌다.

국가교육과정의 성취기준을 꼼꼼히 살피고 무엇을 왜 가르쳐야 하는지 고민하며 학생의 특성과 교사의 관점을 고려하여 통합주제를 이끌어냈다. 교육과정의 통합주제를 통해 변화할 학생들의 성장 목표를 설정했다. 이 과정은 교과서를 중심으로 교육과정을 운영하던 나의 방식과는 달랐다.

특히 학년에서 교육과정을 만들어 가면서 '학생들이 무엇을 배워야 하지?', '그것을 왜 배워야 하지?', '이 교육과정을 배운 학생들은 어떻게 변화하지?' 등을 생각하는 과정은 내게 낯설었다. 교육과정 설계의 과정 중 핵심 질문을 만드는 단계였다. 핵심 질문은 학생들이 주도하는 지속적인 탐구와 풍부한 토론을 불러일으키기 위한 질문이다. 지금까지 배운 내용을 확인하는 질문, 교사의 의도가 분명하고 정해진 답이 있는 질문만 해왔던 나는 논의가 진행될수록 당황스러웠다. 교육과정의 본질을 고민하지 않았던 그동안의 나의 모습이 거울로 비추어졌다. 나는 단순히 화려한 교수법을 활용하여 학생들을 가르쳤을 뿐, 학생들이 처한 상황과 맥락을 고려한 교육과정을 만들지 못했다고 느껴졌다. 내가 만난 학생 개개인이 역량을 발휘하는 장을 마련해주지 못했던 것은 교육과정을 운영하는 데 스스로의 비전을 가지지 못했기 때문이다.

교실에서 혼자 힘겹게 애쓰던 그동안의 나는 나의 세계에 갇혀 그 너머를 보지 못했다. 경주마가 왜 달려야 하는지 이유도 모른 채 주어진 트랙만 열심히 달리는 것처럼 나는 왜 가르치는지도 모른 채 최선을 다해 달려왔다. 왜 달리는지 어디로 달려가야 하는지 고민도 없이 유능함, 완벽함을 좇아 무작정 달려간 것이다. 말은 사실 눈이 양옆에 붙어 있어서 시야가 매우 넓은 동물이다. 그래서 경주마는 눈가리개를 붙이지 않으면 경기하는 동안 앞에서 뛰는 말, 옆에서 뛰는 말, 뒤에서 접근하는 말까지도 쉽게 볼 수 있다. 앞으로 무조건 열심히 달리게 하려고 눈가리개로 시야를 막은 것이다. 그동안의 나는 마치 경주마처럼 눈가리개가 장착된 채 수업에서 전달할 지식, 학생들에게 전달할 방법 등 교사가 지시하고 진행할 것들만 보았다. 나와 교육과정을 통해 만나는 학생들이 어느 지점에서 함께 달려오고 있는지 어떤 어려움을 겪고 있는지 또는 어떤 성장의 과정을 통해 함께 나아가고 있는지 보지 못했다.

교실 밖을 나와 같은 학년 교사들과 공동으로 교육과정을 만들어 가며 동료 교사들의 다양한 지평을 만날 수 있었다. 한 사람의 지평은 어떤 대상이 그것에 의해 이해되는 맥락이다. 모든 지각 대상은 그의 지평에 의해 이해된다. 한스 게오르크 가다머(Hans−Georg Gadamer)가 말하는 이해란 '낯선 지평과의 만남을 통한 끊임없는 대화의 과정'을 뜻한다. 더 나은 이해를 위해 타자의 지평과의 만남을 통해 기꺼이 나의 지평의 변화를 받아들일 준비를 하고 자신의 지평을 확대해 간다.

서로 다른 교사들이 모여서 다름을 마주하고 갈등이 발생하기도 하였고, 그 과정에서 중재하고 타협하는 과정이 힘겹게 느껴지기도 했다. 분명한 것은 교육과정, 수업, 교육에 관하여 피상적인 주고받음이 아닌 깊이 있는 대화의 과정에서 만나는 동료의 지평이 있었다는 것이다. 경주마의 눈가리개를 떼어내니 교육과정을 통해 성장해 가는 학생들, 함께 교육과정을 운영하는 동료들의 지평이 보이기 시작했다.

학교교육과정을 만나다

교사의 진정한 지평의 확대를 위해서는 함께 교육과정을 설계하는 것에 그쳐서는 안 된다. 교육과정을 실행하는 과정에서 어떤 배움이 일어났는지 끊임없이 점검하고 성찰해야 한다. 동료 교사와 함께하는 교육과정과 배움에 대한 교육적 논의의 과정에서 타인의 지평이 보인다. 교실 안에 나 홀로 존재할 때 교사는 자신의 지평에 고립되어 있을 수밖에 없다. 교실 밖으로 나와 동료 교사들을 만나고 그들의 지평을 인식할 수 있어야 한다. 나 자신을 열어 상대의 말에 귀 기울임으로써 자신의 한계를 극복하고 보다 깊은 이해에 도달하는 것이 가다머가 말하는 진정한 지평의 융합이다. 진정으로 지평의 융합을 통해 지평이 확대되면 그동안의 나에 대한 반성 및 나 자신의 존재론적 변화가 수반된다.

학년에서 교육과정을 함께 설계하고 수업을 공동으로 준비하지만 수업은 다시 각자의 교실에서 각기 다르게 펼쳐진다. 결국 교육과정의 실행, 수업은 교실에서 또다시 교사가 오롯이 짊어지고 해나가야 하는 것이다. 이때 수업을 바라보는 교사의 지평에 따라 교육과정의 결과, 학생들의 배움은 천차만별이 될 수 있다.

학년에서 학생들의 수업 결과를 공유하고 논의하는 과정에서 나와 동료의 다른 지평을 볼 수 있었다. 수업 협의를 통해 알게 된 것은 교사가 설계에서 세웠던 방향성을 수업 실행에서도 잃지 않아야 한다는 것이다.

"이 수업을 통해 선생님 반 학생들이 배우기를 원했던 게 뭔가요?"

"선생님이 가장 중요하게 생각한 건 뭐예요?"

이러한 동료 교사의 질문은 내가 놓치고 있던 지점을 발견하게 해주었다. 나는 활동에 치우쳐 결과를 만들어내기에 급급했다면 동료 교사는 수업을 통해 무엇을 배우게 할 것인가에 초점을 맞추고 있었다. 그것은 다른 결과물을 만들어냈다.

교육과정을 충실하게 계획했다고 할지라도 학생들이 교육과정을 통해 어떻게 배우는지는 실제 실행 단계에서 확인할 수 있다. 그렇기 때문에 학생의 진정한 배움을 이끌어내기 위해서는 교육과정을 실행하는 교사가 수업을 통해 학생들이 무엇을 배워야 하는지에 대한 명확한 방향성을 가지고 있어야 한다.

학생의 배움은 나와 만나는 1년으로 끝나지 않는다. 학생들의 성장과 배움의 방향성은 6년을 향해 있어야 한다. 그래서 교육과정에 대한 교사의 지평은 학년을 넘어 학교로 확대되어야 한다. 모두가 교육과정에 몰입하는 학교에서는 교사가 교실에서 벗어나 학년을 포함한 학교 전체의 교육과정에 관심을 갖는다. 교육과정을 함께 만들고 학교에서 다른 학년의 교육과정을 보며 서로 협력하여 학교교육과정을 운영하고 실행해간다. 서로 다른 교육과정의 사례를 눈앞에서 보며 배우는 지점, 함께 독려하며 나아가는 방향이 분명히 있다. 학교교육과정은 우리 반 아이들만 바라보던 지평의 한계를 벗어나 우리 학년의 아이들, 더 나아가 우리 학교의 아이들을 볼 수 있게 한다.

나는 교육과정을 통해 학생들과 의미 있는 대화를 나누고 학생들이 진정한 배움을 느낄 수 있도록 그들과 함께 성장하는 교사로 존재하고 싶다. 나의 교육과정을 거울로 만나는 과정은 교사로서의 존재를 일깨워주었다. 존재로 서기 위해 교실 밖을 나와 동료 교사와 소통하고 학교를 만났다.

나는 그렇게 교육과정을 한다.

I

학교교육과정은 삶이다

I

학교교육과정은
삶이다

　교육과정은 교사와 학생의 삶을 반영한다. 삶이 그러하듯 저마다의 교육과정은 다양하고 다채롭다. 교육과정은 교사가 변화하며 성장하는 과정을 그대로 담고 있다. 때론 숨기고 싶은 부끄러운 모습이나 나누고 싶은 만족스러운 삶의 장면 역시 거울처럼 비춘다. 교육과정은 교사의 삶 그 자체를 보여준다. 왜냐하면 교사는 삶에서 교육과정을 통해 자신의 정체성을 형성해가기 때문이다. 그러나 정체성은 한번 형성된 후 그 상태로 고정되는 것이 아니라 다양한 경험을 통하여 발전, 퇴보 등의 역동적 과정을 겪는다. 그 과정에서 한 인간으로서의 나와 교사로서의 내가 충돌하며 혼란을 겪는다.

　잘 되기만 하는 교육과정은 없다. 교육과정은 늘 덜컥거린다. 그 덜컥거림을 교육과정이 만든 장애물로 오해하기도 한다. 그러나 가만히 들여다보면 그것은 교육과정에서 교사가 한 선택과 그 의미를 묻는 질문에 답하지 않아서 생기는 덜컥거림이다. 교사는 교육과정 속에서 내면의 신호등이 가리키는 정지신호를 지나치고 교사가 향할 방향을 잃어버리기도 한다.

　방향을 잃어버린 사람은 예전의 공간이 나에게 어떤 공간이었는지 지금의 공간은 나와 어떤 관계를 맺고 있는지를 살펴야 한다. 교사는 학교라는 공간에 존재한다. 학교는 가르침과 배움, 깨달음이 펼쳐지는 공간이다. 교사는 자신이 학교에서 가르치는 사람이라는 정체성을 알아차림으로써 잃어버린 방향을 찾을 수 있다. 따라서 교사는 교육과정에서 개인적 경험, 자신과 관계를 맺고 있는 학교의 다양한 맥락에 대해 끊임없이 성찰해야 한다. 그것이 교사로서의 분명한 정체성을 가진 교사의 삶이다.

학교에서 알아차림이 오다

알아차림은 살면서 '아하! 그렇구나.'하고 어떤 것을 깨닫는 순간이다. '아하 경험'이라고 부르는 이 깨달음의 현상은 사람이 무엇인가를 배우는 과정이자 자신의 삶을 변화시키거나 진전시키기 위한 통찰이 일어나는 것이다. 마치 흩어져 있던 퍼즐 조각을 통합적으로 맞추며 하나의 그림이 이루어가는 경험과 같다.

학교에서도 알아차림의 경험은 이루어진다. 학생, 학부모, 동료 교사와의 관계에서, 교육과정 실천 중에도 평소와 달리 낯설게 느끼는 감정, 욕구, 생각 등이 떠오르고 멈칫할 때가 있다. 그 멈춤은 바로 중요하게 알아차리길 요구되는 우리의 주제이다. 학교 안에서 교사에게 떠오르는 주제의 영역은 다양하다. 학생, 학부모, 동료 교사와의 관계, 교육과정 실천 모습 등 교사에게 걸려있는 주제의 영역을 단 한 가지로 특정할 수 없다. 다양한 주제 영역 중 교사 내면에 걸려 떠오르는 한두 가지로 인해 교사의 교육활동이 멈추거나 속도가 느려지기도 한다. 우리는 떠오른 주제를 그저 지나치기도 하지만 그 주제에 주의를 기울여 그것을 있는 그대로 체험하고 온전히 겪으며 통찰과 깨달음을 얻기도 한다.

교사로서 자기 내면의 순간에 집중해 알아차리는 것은 교사 자신의 성장과 발달을 이어나가는 데 영향을 미친다. 캄캄한 어둠같이 보이지 않는 속에서 짧은 순간 섬광을 비추듯 우리 자신과 주변을 환하게 체험하는 것과 같다.

내가 학교에서 가장 두려워하는 건 나보다 기가 세 보이는 학생이다. 학급에 그런 아이가 있으면 1년 내내 두렵고 신경이 쓰인다. 그러다 공개 수업에 참관 온 어떤 선생님이 그런 내 모습을 보고 "선생님! 그 아이 눈치 봐요? 근데 신기하게도 선생님이랑 그 아이랑 되게 닮았더라."라고 말씀하셨다. 그 순간 눈이 번쩍 뜨이며 평소 내 모습이 떠올랐다. 의식해보니 내가 사람들을 대하는 모습, 일부러 세게 보이려 하는 척이 그 아이의 모습과 닮아 있었다. 그래서 내겐 그 애의 행동이 눈에 더 잘 띄는 것이다. 그건 그 아이를 제압할 수 없고 도리어 내가 그 애한테 제압 당할까 두려워서였다.

(A교사 성찰일기 중에서)

자신이 무엇에 멈칫하고 주저하는지 그것이 왜 그러는지 무엇을 원하는지 알아차리는 순간까지 정해진 순차적인 과정은 없다. 단지 우리가 알아차리기를 요구받는 중요한 주제가 자꾸 생각나고 떠오르며 우리 내면에 계속해서 등장할 뿐이다. 따라서 우리는 알아차리기 전까지 어떤 방식으로든 그 주제를 계속 만나게 된다. A교사에게 드러난 주제는 학생과의 관계이며 그는 학생과 만나는 내내 그것이 두렵고 신경이 쓰인다. 우리가 아무리 감추거나 속이려 해도 자신에게 중요한 주제가 떠오르는 것을 막을 수 없다. 설사 다른 이들에게 보이지 않는다고 해도 자기 자신은 자신의 중요한 주제와 계속해서 맞닥뜨린다.

그러한 주제는 어떻게 알아차릴 수 있을까. 학교에서 만나는 다양한 상황 속에 문득 자연스럽지 않거나 뭔가 다르다는 것을 느낄 때가 있다. 그렇게 떠오른 감정이 자꾸 자기 자신을 붙잡고 거기에 걸려 뭔가 자연스럽지 않은 지점이 바로 알아차림의 신호이다. 이것이 우리에게 떠오른 주제를 알아차리게 되는 출발이다.

전경, 배경, 미해결과제

주제를 알아차리는 순간에는 입체적 체험이 일어난다. 어떤 이에겐 눈이 번쩍 뜨이는 경험 또는 뒤통수를 세게 맞은 것 같은 충격과 '망했다, 들켰다, 헉, 아 맞아!'하는 탄식, 마비가 오는 것 같은 멈춤이나 오랜 잔상과 무거움 등으로 경험된다. 주제를 알아차린다는 것은 그것이 전경이 되었다는 뜻이다. 주제는 전경이 되는 순간에도 힘을 발휘하고 그 후에도 에너지를 지속할 가능성을 지니고 있다. 주제를 알아차림으로써 주제와 관련한 실제 행위를 조직하고 방향을 정하며 선택할 수 있는 힘을 갖는 것이다.

 우리는 지각과정에서 중요하고 의미를 갖는 부분을 전경, 보다 덜 중요한 부분을 배경으로 분리하여 인지하는 경향이 있다. '루빈의 컵'이라고도 불리는 '꽃병－얼굴' 그림은 흰색 꽃병을 먼저 지각해 그것이 전경이 될 경우 검은 부분은 배경이 되고 반대로 검은 두 얼굴을 먼저 지각해 그것들이 전경이 될 경우 흰 부분이 배경이 되는 전환을 보여준다.

그런데 적절한 시기에 해소되지 못한 주제는 배경으로 완전히 물러나지 못하고 전경과 배경의 경계에 머문다. 그 주제는 해결될 때까지 계속 전경으로 떠오르려 하고 전경과 배경의 건강한 교체를 방해한다. 이렇게 해소되지 못한 주제를 일컬어 미해결과제라고 한다.

> 수업 참관이 끝난 후 며칠 동안 그 선생님의 말과 그 아이가 머릿속에서 떠나지 않아 마음이 무거웠다. 물론 학급에서 나와 닮은 기가 세 보이는 아이는 내년에는 만날 수도 안 만날 수도 있어 그저 운이라고 여기면 그만이다. 그런데 내 안에 두려움은 여전하다. 그런 아이를 만나면 두려워서 솔직한 마음을 드러내지 못하고 부자연스러운 행동을 한다. 돌아보니 그 아이에게 가졌던 편견과 선입견도 오롯이 내 관점에서 나온 것이다. 나는 세 보이려고 하고 통제하며 제압하고 싶었다. 왜 그랬을까. 뭘 원하고 뭘 필요로 해서 그런 걸까.
>
> (A교사 성찰일기 중에서)

A교사에게 전경은 학생에 대한 두려움이다. 배경은 두려움에 집중하며 비교적 덜 중요하다고 인식하는 것들이다. 그때그때 떠오른 전경을 알아차려 해소하면 그것은 자연스럽게 배경으로 물러난다. 떠오른 두려움을 해소하여 미해결과제를 남기지 않기 위해서는 지금 무엇을 원하고 무엇이 필요한지, 심연의 욕구를 묻는 질문이 필요하다. 미해결과제는 과거에 쌓여 있는 것이 아니라 지금－여기에서 계속 드러나고 등장하기 때문이다.

사실 나는 교실에서 흔들림 없이 인정받고 싶다. 내겐 인정이 중요하다. 그걸 알아차린 순간 이런 두려운 감정에만 묶여 있기보다는 내가 원하는 것을 스스로 이뤄보자는 생각이 들었다. 우리는 각자의 일이 있다. 나는 교사로서 가르치고 그 아이는 학생으로서 배운다. 물론 학생과 교사는 그 과정에서 서로 배울 수 있다. 그러나 교사인 내가 할 일은 결국 학생을 잘 가르치는 것이다. 잘 가르친다는 것, 아이들에게 좋은 교육과정이란 무엇일까?

(A교사 성찰일기 중에서)

A교사는 학생과의 관계에서 두려움을 느끼고 자신에게 질문하며 그것이 인정 욕구 때문임을 알아차린다. 그 욕구를 충족할 수 있는 행위로서 교육과정의 개선을 고민한다. 교사가 학생들의 반응을 예측하여 통제하려는 관념적 행위가 교실 안에서 통하지 않음을 알아차렸기 때문이다. 이때가 교실의 현실과 교사가 접촉하는 순간이다. 보고 듣고 느끼며 실제를 경험해야 비로소 효과적인 대처과정이 시작된다. 그때 비로소 학생, 교육과정, 학교 환경, 학부모 등 학교에서 교사와 연결되어 있는 존재들을 헤아리게 된다. 이러한 접촉을 통해 교사는 이전과는 다른 선택을 한다.

많은 교사가 사례의 교사와 같이 학생들을 잘 가르치고자 하는 욕구가 있다. 그 욕구는 알아차림을 통해 교사란 무엇인지, 교사가 할 일은 무엇인지, 잘 가르친다는 것은 무엇인지, 교육과정은 무엇인지 등의 교사와 교육과정의 정체성을 묻는 과정으로 이끈다. 교사의 미해결과제는 자신의 교육과정을 돌아봄으로써 교사의 성장에 바탕이 된다.

알아차림으로 교육과정에서 유연성을 발휘하다

교육과정 운영 중에 교사는 수많은 주제와 맞닥뜨린다. 그것은 때론 우리가 실수라고 여기는 순간일 수 있으며 교육과정에서 알아차리지 못했던 나를 보게 되기도 한다. 더 중요한 것이 무엇인지 고민하거나 교육과정 자체를 체험하고 음미하는 것일 수 있다. 교육과정에서 이러한 알아차림으로 자신과 자신을 둘러싼 장(場)과 접촉하는 유연한 공간을 만들기도 한다.

실수를 알아차리다

교육과정을 실행하면서 떠오른 주제들은 때론 잘하고 있다는 성취감과 만족감으로 다가오는 경우도 있다. 한편 이건 아닌데, 뭔가 잘못되었나 하는 불쾌감이나 불편감에 걸릴 때도 있다. 특히 뭔가 실수하고 있다는 생각이 들거나 정체와 단절을 느끼며 방향이나 방법 등이 어긋남을 알아차리는 경험은 반복해서 나타난다. 그것은 학교교육과정이 애초에 의도한 계획만을 뜻하는 것이 아니라 실행하며 겪는 시행착오까지 모두 포함하기 때문이다. 종종 교육과정의 실행 자체에만 몰입하거나 애초의 목적과는 멀어져 방향을 잃을 때가 있다. 그 길에서 실수나 잘못된 것을 알아차릴 때 그것은 단순히 교육과정 실행 외연의 문제만 아니라 교육과정의 지금 여기 그대로를 발견하는 시작이기도 하다.

> 지기를 찾이기는 길을 주제로 나 책 만들기 프로젝트를 하고 있는데 솔직히 애들이 왜 하는지 잘 이해하지 못했고 억지로 하고 있다는 느낌이 드는 거예요. 그런 불편함을 느끼면서도 지금까지 해온 게 있고 계획된 시간이 있으니까 진행하고 있었지요. 그러다 결과물이 나왔는데 피상적인 글을 본 순간 '아, 이건 아니다. 계속 내가 느끼면서도 모른 척 해왔구나. 애들이랑 어디서부터 다시 얘기해야 할까.'라는 생각이 들었어요.
>
> (B교사 심층면담 중에서)

무언가를 깨닫는 순간은 언제나 때를 지난 다음이다. 어떤 경우에는 실수가 우리의 전경으로 떠올라도 그것을 곧바로 해소하지 못한다. 실수에 대한 알아차림으로 그것을 만회하려고 다른 행동을 했다가 또 다른 실수를 낳기도 하고 실수에 대한 아쉬움과 후회에 빠져 아무것도 하지 못한 채 시간이 지나가기도 한다. 그렇다 하더라도 교사들이 교육과정에서 잘못이나 실수를 알아차리는 순간이 실패로만 끝나는 건 아니다. 또 다른 기회와 동력으로 작용하는 경우도 있다. B교사가 애들이랑 어디서부터 다시 얘기를 해야 할까와 같이 실수와 관련한 배경 그곳에서 다시 실천해보려는 것처럼 말이다.

분절적인 활동의 한계를 알아차리다

교육과정에서 중요한 것은 무엇일까? 우리는 평소에 교육과정의 본질이나 목적을 깊게 고민하지 못한 채 어떻게 실행할까에 중심을 두기도 한다. 학생과 교사의 삶이 계속되고 있는 것처럼 교육과정의 실행은 흘러가는 진행형이며 실행자체에서 의미를 찾으며 움직이는 경우가 많다. 그러나 실행에만 집중하면 각활동을 연결하는 큰 맥락을 놓치기 쉽다. 큰 맥락에서 벗어나 분절적인 활동이중심이 될 때 그것의 한계를 알아차리게 되기도 한다.

> 저는 나름 학급 운영에 자부심이 있었어요. 수업을 매끈하게 끝낸 후의 만족감도 컸고요. 우리 반은 협동학습과 보상제를 도입하고 모든 아이가 1인 1역을 맡아 촘촘하게 운영하고 있었어요. 열심히 수고해 준 아이들을 칭찬하며 매달 상장 수여식도 가졌죠. 그렇게 1년을 잘 마무리하며 종업식 날 있었던 일이에요. 교실 앞에 쌓인 쓰레기를 아무도 치우지 않아서 물어봤더니 아이들이 아무렇지 않게 "거긴 제 1인 1역 아닌데요." 라고 대답하며 나갔어요. 그 순간 벙 쪘죠. '뭐지?, 1년 동안 제대로 해온 게 맞나?' 그 동안 대수롭지 않게 넘겼던 아이들의 이기적인 모습들이 계속 떠오르면서 스스로 열심히 했다고 생각했는데 정작 제일 중요한 건 무엇이었나 자괴감이 들었어요.
>
> (C교사 심층면담 중에서)

C교사는 학생들의 변화와 성장을 추구했으나 분절적인 활동만으로는 한계가있음을 알아차린다. 그러면서 자신의 교육활동에서 정작 중요한 것은 무엇인지물음을 갖는다. 수업과 학급 운영에서 한계에 부딪힌 전경이 떠오르면 그것을해소해 물러나게 할 때까지 중요한 것을 찾기 위한 과정이 계속된다.

이런 맥락에서 알아차림은 현상 자체를 꿰뚫어 봄으로써 그 본질을 구하고자 하는 것과 같이 좀 더 근본적인 길을 찾게 되는 것이기도 하다. 수업과 학급운영만으로 교육을 실천하는 데 한계가 있음을 알아차리게 되면 교육과정에 대한 고민이 반드시 필요하다는 생각과 맞닿게 되기도 한다.

교육과정과 삶의 불일치를 알아차리다

교사의 삶에서 중요한 것은 가르침의 실천이다. 교사는 교육과정 속에서 가르침을 실천하며 그 의미를 발견해간다. 즉, 교사는 교육과정에서 자신이 믿는 가치와 실천 사이에서 교사로서의 정체성을 형성해간다. 그 과정은 한 인간으로서의 자신과 교사로서의 자기 사이에 존재하는 차이를 보는 것이기도 하다. 교사는 무의식중에 차이를 조정할 수도 있고 그 차이를 있는 그대로 드러내기도 한다. 그때 자신의 신념과 교육과정 실행 모습 사이에 불일치를 알아차리면서 혼란을 겪게 된다. 교사로서 교육과정에서 말하고 행동하며 가르치는 대로 삶을 살아야 하지 않을까 라는 의문이 드는 것이다.

> 학교에서 정말 나와 다르고 생각이 맞지 않는 동료가 있어요. 교육과정 회의 중에 도대체 왜 저렇게 생각할까, 진짜 이해가 안 된다며 속으로 고개를 흔들게 돼요. 그러던 중 우리 반 아이들의 솔직하지 않은 모습에 공감하고 협력하자며 아이들에게 다그치듯 말하는 저 자신을 발견했어요. 연구실에서 나는 동료에게 저런 사람과 진정한 존중, 협력 그런 거 불가능하다고 하면서 교실에서는 아이들의 그런 모습이 싫어서 존중하자, 협력하자, 그게 어려우면 솔직하게 대화라도 해 보자고 권하고 있었으니까요. 그런 나를 발견한 후에는 차라리 내가 그 선생님의 상황이나 생각을 잘 모른다는 것, 동의가 되지 않는 것을 밝히면서 대화해야겠다고 마음먹었어요.
>
> (D교사 심층면담 중에서)

교육과정은 자신과 생각이 다르고 때론 자신이 이해할 수 없는 말과 행동을 하는 동료 또는 학생과도 함께 한다. 함께 하기에 서로의 차이가 더 잘 보이고 그래서 자신의 모습을 선명하게 알아차릴 수 있기도 하다. D교사에게 평소 자리 잡고 있던 전경은 생각이 맞지 않은 동료와는 협력이 불가능하다는 것이다. 하지만 D교사는 자신이 가르쳤던 것과 삶의 모습이 다르다는 것을 알아차린다. 알아차림과 동시에 전경이 물러나고 배경에 숨어있던 솔직한 대화가 떠오른다. 솔직한 대화의 욕구가 타인과 만나려는 선택은 교사의 교육과정과 삶의 일치를 향하기도 한다.

교육과정 실행에서 나타난 고정된 패턴을 알아차리다

매년 새롭게 교육과정을 실행하는 것처럼 보여도 그 주체인 교사는 비슷한 상황에서 동일한 행위를 익숙하게 반복하고 있을 수 있다. 이것은 어떤 면에서는 숙련된 행위라고 할 수도 있지만 무의식중에 일어나는 교육과정 실행의 습관이기도 하다. 우리는 이러한 습관에 따를 때 심사숙고하지 않고 고정된 사고나 행동 패턴으로 반복하기도 한다. 이렇게 경직된 패턴은 환경의 변화에 따라 새롭게 지각하는 것을 방해한다. 그것은 교사의 내면에 자리 잡은 가치체계와도 관련이 있다. 교사의 고정된 가치관과 행동들이 교육과정을 둘러싼 환경 적응에 장애 요소가 되는지 자각해볼 필요가 있다. 그것은 자신의 행동이 어떤 결과를 초래하는지를 이해하는 길이다.

저는 학기말이 되면 꼭 지치고 병이 나요. 교사들이 다 그런 거라고 생각해왔는데 안 그런 교사들도 있어서 체력이나 정신력 문제라고 여겼죠. 저는 보통 3월에 아이들을 만나면 애들은 잘 못하잖아 하는 마음으로 다 해줘요. 학습 내용을 애들한테 주기 전에 미리 밑 작업을 다 해놔요. 애들 이야기도 잘 들어주는 편인데 그러다 보면 꼭 후반이 되면 지치고 몸에 병이 나요. 몇 해가 가도록 제 모습을 모르다가 어떤 애가 "선생님 왜 요즘은 안 해주세요?"하는데 짜증이 확 하고 벌컥 치솟는 거 있죠. 그 순간 '내가 왜 너희들이 해야 할 일을 해줘야 하지'라는 생각이 들었는데 그 답은 애초에 애들은 못한다고 생각한 저에게 있다는 것을 알게 되었어요. 애들을 못한다고만 생각한 게 부끄러웠고 학년 초마다 저도 모르게 그런 패턴이 시작되려고 하면 마음을 다잡아요.

(E교사 심층면담 중에서)

E교사는 자신이 매년 학기말에 지치고 병이 나는 것을 전경으로 떠올려 알아차린다. 그러나 그것의 배경을 교사들의 일반적인 문제나 개인적인 상황이라고 연결하면서 주제의 진정한 해결 방향을 알아차리지 못한다. 그러다 왜 요즘은 안 해주냐는 한 학생의 말에 벌컥 솟은 짜증이 알아차림의 계기가 된다. 그 감정과 동시에 왜 그랬는지 원인을 탐색하는 과정에서 그 짜증이 평소 자신의 학생관과 그에 따른 습관적 행위에서 비롯되었음을 알아차린다.

우리가 만약 자신이 처한 현재 상황을 알아차리고 지금까지 습관적으로 해왔던 행위들을 그 행위의 순간에 알아차린다면 우리는 새로운 선택을 할 수 있다. 더불어 지금까지 왜 그렇게 습관적으로 해왔는지 그 배경까지 정확히 이해한다면 새로운 선택에 더욱 힘이 실린다.

교육과정에서 성취감과 만족감을 알아차리다

교육과정에서 떠오르는 전경은 부정적 주제들만이 아니다. 자신이 잘 해내고 있는 것, 교육과정에서 의미를 발견해 가꾸며 실행하고 있는 감정, 욕구, 행위 등이 주제로 떠오르며 알아차리길 기다리는 경우도 많다. 우리는 그러한 성취와 만족 역시 알아차리며 음미할 수 있어야 한다. 이런 과정을 통해 교사가 가진 배경이 더욱 풍성해지고 그곳에서 또 다른 성장으로 향하는 새로운 주제가 떠오를 수 있다.

> 저는 제 스스로도 천천히 꾹꾹 밟고 가는 것을 중요하게 생각해서 학생들도 그렇게 가르치는 편인데 학생들이 지루해하고 오히려 이런 게 효과적이지 않을까 늘 불안하고 의심스러운 마음이 있었어요. 그런데 전학 온 아이가 "작년까지는 학교에 오면 긴장이 되어서 잘 참여하지 않았어요."라고 하는 거예요. 그래서 그 이유를 물었더니 자기는 모르는데 너무 빨리 넘어가고 모두 다 아는데 자기만 모르는 것 같고 그래서 두려웠다고 해요. 그 아이 특성이 차근차근 이해하면서 받아들이는 편이라 예전의 괴로움이 아이 음성을 통해 느껴졌어요. 올해는 모르면 알 때까지 물어봐도 기다려주고, 한 가지 방법만이 아니라 자기만의 방법도 인정해주니 참여가 즐겁다는 말을 듣고 느리게 가더라도 중요한 걸 기다리며 함께 가자고 다짐했던 내 교육과정이 아이들에게 스며드는구나라는 생각이 들었어요. 이런 변화를 볼 때 행복하고 뿌듯하죠.
>
> (F교사 심층면담 중에서)

F교사는 교육과정에서 불안했던 감정이 학생과의 대화를 통해 물러나고 새로이 전경으로 떠오른 행복감과 뿌듯함을 체험하며 불안을 해소한다. 우리는 교육과정에서 이러한 긍정적인 감정, 욕구, 행위 등의 주제를 음미하여 부정적인 감정을 배경으로 물러나도록 하는 과정이 필요하다.

교육과정에서의 알아차림은 마침표가 아니다. 쉼표나 물음표 때론 느낌표로서 우리를 멈추게 하고 질문과 느낌을 던진다. 그래서 알아차림은 그런 멈춤과 질문, 느낌으로 우리를 잡아끌며 교육과정을 생생히 체험하고 통과하는, 어떤 경우에는 부딪히는 아픔을 무릅쓰고 얻은 통찰이기도 하다.

우리는 알아차림에 저항하고 있다

교육과정에서 이러한 알아차림의 과정이 저항 없이 물 흐르듯 일어나는 것은 아니다. 알아차림 그 자체는 하나의 변화다. 우리에겐 그러한 변화에 맞서려는 저항이 존재한다. 우리에게 존재하는 저항을 이해하면 저항은 교육과정에서 전경이 아닌 배경으로 물러날 수 있다. 이 때문에 알아차림을 방해하는 저항을 주의 깊게 살피는 것이 필요하다. 우리가 학교에서 마주치는 우리 안의 저항을 응시하고 저항이라는 이름을 붙여 그것이 저항임을 알아차리는 것이 중요하다.

당위, 알아차림의 방해꾼

우리는 어린 시절부터 다양한 당위에 둘러싸여 살아왔다. 착해야 한다, 성실해야 한다, 성공해야 한다 등 대부분 우리가 하는 사회적·문화적 행동은 각종 도덕률에서 비롯한다. 이는 대부분의 사람들이 사회에서 문화를 익히며 함께 살아가기 위한 최소한의 규범을 당위 형태의 가치관을 통해 배우기 때문이다. 교사 내면에도 학교문화의 행동규범과 가치관이 존재한다. 교사가 이러한 가치관을 어떻게 받아들이느냐는 교육과정 실행에도 영향을 미친다. 교사 스스로 타당한지를 따져 비판적으로 내면화한 가치들은 교육과정에 이물감 없이 담긴다. 하지만 무비판적으로 수용한 가치와 당위들은 교육과정에서 교사 자신을 알아차리는 데 방해가 되기도 한다.

초임 때는 학교에서 저 혼자만 다른 교육활동을 해 보고 싶을 때 그냥 했거든요. 근데 시간이 지나고 경력이 쌓일수록 학교 선생님들과 함께한다는 것이 같이 연구한다기보다는 서로 맞춰야만 한다는 방향으로 가고 있어요. 특히 새롭지 않은 형식적인 것을 하게 될 때 이건 아니라고 제안하고 싶지만 곤란하고 망설여지죠. 말할 때는 학교 선생님 아니라고 말하고 싶지만 곤란하고 망설여진다는 G교사의 말을 살펴보자. G교사는 새로운 것을 제안하고 싶다는 욕구를 중요한 전경으로 떠올리지 못하고 곤란함과 망설임을 느끼고 있다. 말하고 싶은 욕구를 선택하지 않고 망설이는 것은 새로운 것을 제안해 튀지 말아야 한다는 고정된 생각 때문이다. 이로 인해 교사는 교육과정에서 새로운 것을 제안하고 함께 실천해보고 싶은 욕구를 물러나게 한다.

그래서 우리는 내 안에 존재하는 고정된 틀을 알아차리는 것이 필요하다. 그 알아차림은 고정된 생각을 흔드는 질문으로 가능하다. 진짜 내가 원하는 것인지 우리가 가진 당위들에 직접 질문을 던질 수 있다. 그러면 그동안 꼭 그래야 할 것 같던 틀이 흔들리기도 한다. 그 흔들림 속에서 진짜 자신이 원하는 것이 떠오를 수 있는 틈이 생기는 것이다.

탓하기, 알아차림의 착각

고정된 당위에 길들여지면 진정한 자신의 것을 알아차리지 못한다. 그런 상황에서 자신 안에 있는 것을 자신 밖에 있다고 여기기도 한다. 특히 우리는 자신의 부정적인 모습을 외부의 탓으로 돌리는 경향이 있는데 이는 우리가 자신 속의 힘든 부분들을 부정하고 그것들을 타인의 것이라 생각함으로써 심적 부담을 덜 수 있기 때문이다. 이러한 탓하기는 마치 현재 상황의 중요한 원인을 알아차렸다는 착각을 주기도 한다.

학교교육과정의 책무는 교육과정의 권한과 책임의 주체가 누구인지 뿐만 아니라 교육과정 결과와 성과를 어떤 방법으로 평가하고 확인할 것인가를 핵심으로 한다. 교육과정에 영향을 미치는 요소와 요인은 다양하고 복잡하다. 또한 학생의 성장을 목적으로 하는 학교교육과정은 단시간에 전 과정을 모두 파악하기 어렵다. 그래서 교육과정의 결과와 책임을 이야기할 때, 교육과정의 복잡성과

거대함에 탓을 돌리며 진정한 알아차림을 놓치기도 한다. 교육과정의 지금-여기를 접촉한다는 것은 그 주체를 명확히 보고, 주체 스스로 어떤 방법으로 평가할 것인지 함께 논의하는 것이다.

> "우리 반 애들한테 문제가 있어서 그래요. 작년 애들은 좋았는데."
> "우리 학교 학부모들은 인식이 낮아요."
> "우리 학교는 혁신학교가 아니니까 안 되는 게 당연하죠."
> "우리가 뭔가 해보기엔 지역이 받쳐주기 힘들잖아요."
> "그것은 새로운 교육정책이 뒷받침되고 교육환경이 변할 때야 할 수 있지."

위 사례에서는 교육과정 운영 실패의 요인을 학생, 학부모, 학교, 교육환경, 교육정책의 탓으로 돌리고 있다. 교육과정 운영은 복합적인 요인에 영향을 받음에도 불구하고 교사 자신을 제외하고 평가하고 있는 것은 아닌지 돌아볼 필요가 있다. 책임을 돌림으로써 피하고 있는 저항을 알아차리면 교육과정의 주체로 살아가는 이는 교사 자신임을 의식할 수 있다.

탓을 돌리는 사람은 외부환경과 타인을 있는 그대로 지각하지 못한다. 그리고 자신이 그렇게 지각한 세상이 진실이라고 굳게 믿는다. 학생, 학부모, 학교, 교육환경, 교육정책을 바라볼 때 자신의 시각으로만 보고 자신의 생각으로만 판단한다. 그러한 자신의 시각과 생각이 사실과 다를 수 있다는 것을 알고 자신이 잘못 알고 있었을 때는 이를 수정할 수 있어야 한다.

회피, 알아차림과 단절하기

회피는 괴롭거나 힘든 상황을 직면하지 않기 위해 외면하는 대처방식이다. 흔히 우리가 알아차리길 요구하며 떠오른 진정한 주제임에도 불구하고 우리는 그것을 회피해버릴 때가 있다. 이는 의식적인 것일 수도 있지만 자신도 모르는 사이에 그 주제를 피하고 있는 것일 수도 있다. 의식하지 않고 피하는 까닭은 그 주제가 전경으로 드러날 때 불안, 어려움, 두려움 등 부정적 감정이 따라오기 때문이다. 학교교육과정에서 드러난 중요한 주제를 피해버린다면 우리가 학교에서 겪고 있는 문제의 본질을 해결해나가기는 어렵다.

우리 학교의 자원과 문제를 찾아보자는 좋은 주제로 학년말에 학교 다모임을 했어요. 우리 학교의 자원은 학교와 지역의 문화예술역량임을 찾고 이 자원으로 우리가 어떻게 풍성해질 수 있는지 의논하는데 그때부터 좀 불안했어요. 이렇게 넓은 의미를 찾을 때는 다 함께 공감을 하다가 그걸 풀어가는 구체적인 계획이나 실행은 힘을 잃고 흐지부지해져요. 그래서 그건 놔두고 우리 학교의 문제부터 찾기로 했는데 몇 해째 예산이나 시설 같은 문제들만 얘기가 나오는 거예요. 이게 진짜 우리 학교의 가장 중요한 문제인가 하는 어리둥절함과 함께 우리 학교 구성원 모두 불편해하면서도 피하고 있는 문제가 뭘까 답답했어요. 왜 우리 학교는 계획과 실행에 힘을 얻지 못하나 하는 문제를 꺼내면 그것에 대해서는 아무도 말을 안 해요.

(H교사 심층면담 중에서)

학교에서는 해마다 11월 즈음에 한 해의 교육과정을 돌아보며 내년을 위한 계획을 수립한다. 이 과정에서 우리 학교의 교육과정에 해결이 필요한 문제가 있는지 살펴본다. 사례에서처럼 학교교육과정에서 멈추고 걸리는 부분을 솔직하게 드러내고 꺼내어 직면하는 것은 어떤 이들에게 두려운 일일 수 있다.

이렇게 자신의 미해결 욕구나 감정을 직면하기를 두려워하는 이유는 그 문제들을 직면하면 큰일이 벌어질 것이라는 느낌을 받기 때문이다. 그러한 느낌은 현실에서 직면을 통해 체험하면서 변화할 수 있다. 이를 위해 자신의 회피 그 자체를 알아차려 직면해보는 것이 필요하다. 왜 우리 학교는 계획과 실행에 힘을 얻지 못하나 라고 묻는 질문이 자신과 다른 사람들을 직면시키는 것처럼 말이다. 직면은 우리 앞의 벽이 아니라 문제의 본질과 진정한 해결을 향하는 지름길일 수도 있다.

이러한 저항을 알아차림과 동시에 간과하지 말아야 하는 것이 알아차림 과정의 부끄러움이다. 알아차리면서 우리에게 이런 고정된 비합리적인 신념과 당위가 있었다는 것이나 탓을 돌리거나 회피해왔던 우리의 행위들이 부끄러울 수 있다. 부끄러움과 동시에 후회, 죄책감, 수치심까지 올라오기도 한다. 알아차림을 통해 이런 감정들에 빠져들며 스스로 고통을 주는 것에 주의해야 한다.

이를 위해 무엇보다 자기 신뢰와 자기 격려를 통해 자기 자신을 수용하고 마음을 여는 것이 중요하다. 알아차림은 깊이 있는 대화나 새로운 질문을 통해 이루어지므로 타인을 향해 자신을 드러내는 진솔함과 열린 마음이 있을 때 우리는 더 잘 알아차릴 수 있음을 기억할 필요가 있다.

알아차리고 다시 살아가다

학교에서 우리의 감정과 사고 행위 등을 알아차렸을 때 구체적인 내용은 각각 다르고 그 안의 욕구도 다 다르다. 하지만 교육과정에서 떠오른 주제를 알아차린 후 각자가 선택한 방식으로 반응하며 그 반응을 의식할 수 있는 선택지가 주어진다는 것은 알아차림 과정의 공통점이다. 어떤 경우에는 침묵할 수도 있고 새로운 방식을 도입하거나 장기적인 관점을 제안할 수도 있다. 다양한 선택이 있음을 알고 그중에 자신이 어떤 것을 선택하고 있다는 자체를 알아차리는 것이 중요하다.

학교교육과정에서 우리가 알아차리며 선택한다는 것은 어떤 의미가 있을까? 이것은 우리가 학교에서 하고 있는 교육과정, 즉 학교에서 교육목표를 달성하기 위해 체계적으로 선정하고 조직한 계획이자 실행과정과 성취한 결과를 포함하는 일련의 모든 일과 맞닿아 있다. 우리가 교육과정에서 중요한 주제로 알아차리며 한 선택과 접촉한다는 것은 살아가는 것 그 자체이다.

10주에 걸친 프로젝트로 도덕의 가치나 덕목을 한 꼭지씩 살펴본 적이 있다. 아이들이 동그랗게 둘러앉아 각자 그것에 대한 경험을 모두 나누는 방법으로 했는데 감정이 좋지 않았던 아이들끼리 싸움이 나서 망했다는 생각이 들었다. 그때 전 같으면 우정과 우애에 대해 배우는데 싸움이 나다니 다 끝났어, 그만두자 라고 생각했을지 모른다.

그런데 그때 그동안 내가 아이들의 경험을 끌어내려 줄기차게 했던 말이 떠올랐다. "우리는 살면서 이런 가치들을 만나고 있는 중이야. 그것을 발견하기만 하면 돼." 지금까지 나는 아이들에게 말만 그렇게 했던 것이다. 지금 눈앞에 펼쳐진 이 상황, 이것이야말로 우리가 우정에 대해 진짜 얘기를 해볼 수 있는 시간이라는 생각이 들었다.

(I교사 성찰일기 중에서)

교육과정에서 알아차린 선택들로 행위를 하고 그 행위의 의미를 다시 알아차려 보는 과정에서 우리는 교육과정의 주체로 살게 된다. '생각하는 대로 살지 않으면 사는 대로 생각한다.'는 격언에서 알 수 있는 것처럼 알아차림은 우리가 우리 생각의 주체로 살아가기 위한 방법이다. 우리의 실천을 의식하는 동안 우리 자신은 변화한다. 그것은 위 교사처럼 학생들에게 했던 말을 알아차려 실천으로 옮기는 경험처럼 일어난다. 그런 실천을 통해 이전과는 다른 자신이 되기도 한다.

알아차린다고 해서 삶이 극적으로 변하는 것은 아니다. 학교에서 무조건 더 나은 교육과정을 선택하고 실천하는 것도 아니다. 하지만 교육과정에서 알아차림을 통해서 지금까지와는 다른 선택, 더 나은 선택을 할 가능성은 있다. 알아차림을 통해 지금까지와는 다른 교육과정 구조와 환경을 고민해볼 수 있다. 우리에게 알아차림이 도움이 되었다면 잘 알아차릴 수 있도록 질문하며 함께 대화할 이들을 구성하고 그 기회를 만들 수도 있다. 우리 눈앞에 있는 학생이 교실 밖에서의 학생의 삶 전체와 연결되어 있다는 넓은 시야와 이해를 가질 수도 있다. 우리가 무의식적으로 사용했던 교육적 언어들에 좀 더 신중을 기할 수도 있다. 우리의 관점 자체를 알아차리기 위해 거울을 보듯 성찰일기를 쓸 수도 있다.

우리는 매년 새로운 학생들과 새로운 상황에서 교육과정을 실행한다. 그곳에선 늘 새로운 주제가 떠오르고 때때로 그것을 알아차리지 못해 길을 잃기도 한다. 그 길에서 떠오른 주제를 들여다볼지 혹은 보지 않을지, 본다면 그 후에 어떤 선택을 할지는 우리 스스로가 직접 답하며 살아갈 뿐이다. 학교에서의 알아차림은 우리가 살아가는 학교라는 공간에서 주체적인 선택을 하는 것이다. 이는 교사로서 학교교육과정 운영의 전 과정에서 깨어있는 것이며 상황과 온전히 접촉하는 것이다.

2 의미, 어디를 향해 가고 있는지 묻다

학교교육과정의 본질을 묻다

잠이 들기 전, 잠에서 깨어날 때, 수업을 하면서, 쉬는 시간 동료와의 대화 중 일상의 장면에서 알아차림이 일어난다. 이런 알아차림을 통해서 교사들은 무의식적인 방어를 멈추고 환경과 온전하게 접촉하며 주체성을 발휘하게 된다. 접촉이란 외부 자극을 받아들이고 동화시켜서 변화하고 성장해 가는 과정이다. 그것은 자기 스스로 선택하며 통제하고 책임지는 행위이다.

알아차림 후에 학교와 접촉한 교사는 학교교육과정에 주체성을 가지고 적극적인 태도로 참여하게 된다. 학교교육과정에 주체성을 가지고 참여하다 보면 이전과 다른 것이 보이고 이전에는 별로 궁금하지 않던 본질적인 질문들과 만나게 된다.

본질이란 사물 그 자체를 보는 것이고 사물의 진정한 의미를 찾는 것이다. 어떤 일을 하고자 할 때 본질을 정확하게 파악하고 실행해야 엉뚱한 길로 빠지지 않는다. 실행 과정은 구체적이고 개별적인 상황에서의 선택을 요구한다. 이러한 선택은 이러지도 저러지도 못하는 갈등 상황을 유발하기도 한다. 실행에 있어서 중요한 것은 보편적인 법칙이나 원리에 따른 해결이 아니라 주체적인 결단이다.

학교교육과정의 본질에 접근한다는 것은 구성원들이 주어진 절차나 관행에 따르는 것이 아니라 주체적으로 참여하여 만들어가는 것이다. 이는 학교교육과정이 무엇이고 학교교육과정의 진정한 의미가 무엇인지를 반복적으로 묻는 것이다. 학교교육과정의 본질을 물음으로써 교사가 학교에서 어떤 일을 하고 있는지, 학생들에게 어떤 일이 일어나고 있는지를 이해할 수 있게 된다. 따라서 의미를 반복적으로 묻다 보면 학교교육과정의 본질에 다가가게 되고 본질을 구현하기 위한 서로의 생각을 조율해 가며 구성원들이 함께 학교교육과정의 모습을 만들어 갈 수 있게 된다.

이 과정을 통해 구성원들은 학교교육과정 속에서 각자의 의미를 발견하게 된다. 학교교육과정에서 발견되는 의미는 고정된 것이 아니라 성장을 통해 드러나고 변화한다. 교사들은 학생과 교사 자신의 성장을 관찰하며 조금씩 나아가는 과정을 밟는다. 이를 통해 '이렇게 하면 되겠구나, 조금은 나아지고 있구나.'라고 느껴지는 순간들이 쌓인다. 이 순간들의 쌓임은 학교교육과정과 학생의 삶을 접촉하게 하며 아이들을 성장시킨다.

학교교육과정은 삶을 다룬다

학교교육과정은 일반적인 교육과정이 지닌 보편성과 그것만이 가진 개별성을 함께 포함하고 있다. 학교에서 정하는 교육과정이라는 것이 학교교육과정이 가진 개별성이라면 교육내용과 방법을 포함한다는 게 그것의 보편성이다. 학교교육과정은 그 학교만의 교육내용과 방법을 가지고 있다. 이것은 학교교육과정은 우리 학교 학생들을 더 깊이 들여다보고 그들의 관심과 상황을 고려해서 설계하는 것을 뜻한다. 따라서 학교교육과정은 우리 학교 학생들의 삶을 다루게 된다.

학교교육과정이 우리 학교 학생들의 삶을 다룬다고 할 때 그때의 삶은 실제의 삶이라기보다는 교육적인 경험을 위해 재구성된 삶이다. 학교에서의 모든 경험이 반드시 교육적 경험이라고 할 수는 없다. 어떤 경험이라도 이후에 하게 될 경험의 성장을 막거나 왜곡한다면 그 경험은 비교육적이다. 공포감을 조성하며 지식을 암기하도록 하는 등의 억압적인 경험들은 학생들의 지적 행위를 이끌어내지 못하고 오히려 지적 흥미를 잃게 한다는 측면에서 비교육적이다. 반면 교육적 경험은 한 사람을 이전과는 다른 존재로 변화시킬 수 있는 질적인 차원의 경험이다.

인권에 대해서 공부하면서 우리 학교의 문제를 찾아봤어요. 처음에는 이런 게 문제다, 저런 게 문제다 애들이 막 얘기를 하더라고요. 그러더니 거기에 자기 몫은 없는지 찾기 시작하더라고요. 애들이 어떻게 이야기 방향을 바꾸게 됐지 하고 가만히 지켜보니까 우리 학교 인권 수호천사 되기라는 수행과제를 애들도 의식하고 있더라구요. 교사가 할 일은 자기 얘기를 꺼낼 수 있게 돕는 거랑 우리가 어디로 향해 갈 건지를 알려주는 거 같아요. 사실 애들 얘기 끝까지 듣고 있는 것도 쉽지 않고요(웃음), 가야 할 방향 정하는 것도 쉽지 않은데요. 전보다는 좀 더 실제적인 걸 가르치고 있는 거 같긴 해요.

(A교사 심층면담 중에서)

A교사는 인권이라는 보편적인 주제를 우리 학교의 상황으로 가지고 와서 학생들이 자신의 삶의 문제로 다룰 수 있도록 교육과정을 계획·운영하고 있다. 복잡한 삶의 장면들을 재구성하여 학생들이 그 경험 속으로 들어갈 수 있도록 하기 위해서 교사는 현재 학생들의 삶을 교육과정과 연결 짓는다. 이러한 경험을 통해 학생은 자신의 주변을 이전과는 다른 눈으로 보게 된다. 그가 맺고 있는 관계 또한 이전과 달라진다. 이처럼 교육과정을 통해 질적인 차원의 변화를 경험하는 것이 교육적 경험이다.

학생의 교육적 경험이 중요한 만큼 교사들의 교육과정 경험 또한 중요하다. 교육과정 경험을 통해 교사도 계속적인 자기 경험을 하게 되기 때문이다. A교사가 보다 더 실제적인 걸 가르치고 있다고 느끼게 되는 이유는 학생들의 삶과 밀착된 교육과정 경험을 통해 교사 자신도 생생한 실재감을 체험하고 있기 때문이다.

학교교육과정은 성장을 통해 드러난다

학교교육과정의 본질을 묻는 것은 학교교육과정의 의미에 답하는 일이다. 의미는 물리적인 세계에 실재한다기보다는 인간이 부여하는 것에 가깝다. 학교 안에서 우리가 어떤 순간에 의미를 부여한다는 건 이전과는 다른 변화를 감지했기 때문이다. 매일 반복되던 일상 중에 변화가 감지되는 지점, 그 지점의 사건을 우리는 의미 있게 받아들인다. 그리고 그러한 변화 중에서도 바람직한 방향의 변화가 일어났을 때 우리는 그 경험을 성장이라고 부른다.

학교 안에서 학생들은 과거 경험을 현재 삶에 적용하고 이러한 적용으로부터 경험한 내용을 다시 적용하며 살아간다. 양적인 누적을 반복하여 그것이 쌓이면 어느 순간에 질적인 변화를 가져온다는 것이 양질전환의 법칙이다. 어떤 반응이 임계점 또는 특이점이라는 상황에 도달할 만큼의 양이나 힘이 축적되었을 때 비로소 새로운 변화가 일어난다. 그리고 우리는 그 변화의 지점을 의미 있게 포착한다. 의미 있게 다가오는 성장의 순간은 무수히 많은 실행과 수정 과정들이 쌓여서 닿은 어떤 지점이라고 보아야 한다.

성장은 지식, 기술 등의 능력에 적용되며 한 인간을 전체적으로 특징짓는 개성 혹은 인격에도 적용된다. 개체의 유지와 변화에 관계되는 신념, 욕구, 정서뿐만 아니라 안정, 균형, 조화, 통합 등의 질적 개념으로도 이해된다.

"저는 이거 몰라요. 무슨 소리인지 모릅니다."
쉬는 시간에는 멀쩡히 의사소통이 되다가도 수업 시간만 되면 뭐든 못 알아듣겠다고 하면서 한 줄도 안 쓰려고 하는 카밀라(가명). 5학년 때 담임 선생님께 여쭤봤더니 작년에도 여전했다고 한다. 우리가 수업 시간에 쓰는 글은 답이 따로 있는 게 아니라 내 생각, 내 감정을 쓰는 것이니 모른다고 한 줄도 안 쓰는 건 안 된다고 하면서 한 줄이라도 꼭 쓰게 했다. 한 줄이 두 줄로 늘고 주제공책의 반 바닥을 채울 정도로 꾸준히 따라와 주었다. 2학기 초에 있었던 뮤지컬 발표회에 참여하면서 아이의 태도가 부쩍 달라졌다. 춤추고 노래하는 걸 좋아해서 중요한 배역을 맡게 됐고 긴 대사를 직접 쓰고 외우면서 신나게 수업에 참여했다. 더 놀라운 건 카밀라가 학년 전체가 모이는 조사 발표회에 반대표로 나가겠다고 자원한 것이다.
"선생님, 지구를 살리는 3분 이야기, 제가 반대표 나갈래요. 하고 싶어요."
"네가 해 볼 거야? 어떻게 그런 용기를 냈어?"
"선생님이 저는 러시아말, 한국말 둘 다 할 수 있어서 대단한 거다 했잖아요."
카밀라의 변화를 보면서 아이들은 각자의 속도대로 큰다는 걸 알게 됐다.

(B교사 성찰일기 중에서)

B교사는 무기력했던 학생이 조사 발표회에 자원하는 모습을 보면서 교육과정을 통한 학생의 성장을 확인한다. B교사는 학생의 어려움을 관찰한 후에 그 학생에게 의미 있는 학습을 촉진하는 방향으로 교육과정을 전개했다. B교사는

교육과정 실행의 과정에서 변화의 변곡점이 어디인지, 학생이 어떤 성장의 경험을 하는지를 발견하게 된다. 이러한 발견이 중요한 이유는 다양한 학생들이 교육과정에서 무엇을 어떻게 왜 경험하는지, 어떤 어려움을 겪는지에 대해 도움을 줄 수 있기 때문이다. 이를 위해서 교사는 관찰자로서 교사 자신의 모습을 성찰하고 학생의 관점에서 교육과정을 보면서 학생을 고려한 수업을 해야 한다. 학생에 대한 교사의 통찰력 있는 이해들이 모인 학교교육과정 안에서 학생들은 더 많이, 더 크게 성장할 수 있다.

학교교육과정은 내러티브를 통해 만들어진다

사람이 살아간다는 것은 경험을 이어간다는 것과 같은 말이다. 사람은 경험을 통해 자아를 형성한다. 그리고 그 과정에 관여하는 것이 내러티브다. 그러나 기존의 학교는 학생들의 삶에 대한 고려 없는 교육과정을 운영함으로써 내러티브를 향한 인간의 욕구를 방해해 왔다. 이는 학생들의 삶의 맥락이 모두 제거된 채 교육적 만남이 일어나지 않는 결과를 초래했다. 학생들의 삶과 성장을 위한 학교교육과정은 자기 삶의 이야기인 내러티브의 형성을 경험함으로써 가능하다. 따라서 학생의 중요한 경험이자 유의미한 경험을 학교교육과정에 담아야 한다.

내러티브(narrative)란 맥락에 따라 일관되게 연결하여 만든 이야기이다. 내러티브가 맥락에 따라 이야기를 연결하기 위해 동원되는 것이 바로 의미이다. 의미가 없으면 내러티브는 만들어지지 않는다. 내러티브를 만들기 위해 동원된 의미는 자신이 부여한 것이므로 학생들은 더 능동적으로 지식 구성에 참여하게 된다. 자신이 의미를 부여하면서 그 내러티브는 자신에게 더 의미 있어진다. 이후 학습 과정에서 자신의 내러티브는 다시 정보 선정과 지식 구성에 영향을 미친다. 이런 과정을 통해 내러티브적인 지식 구성은 학습에만 머무는 것이 아니라 각자의 정체성에도 영향을 미치게 된다.

이처럼 학생들의 삶과 연결된 학교교육과정은 내러티브를 통해 배움을 촉진하며 정체성을 형성시키고 변화시킨다. 내러티브를 통해 우리의 삶을 이해하고자 할 때 맥락, 시간, 인물이 핵심적인 요소가 된다. 서로 다른 맥락, 서로 다른 시간, 서로 다른 인물은 전혀 다른 내러티브를 구성한다. 학교교육과정 안에서 내러티브가 어떻게 작동하고 있는지를 살펴보면서 학교 안에서 일어나고 있는 일을 더 깊이 들여다보자.

학교교육과정에서의 주체성은 맥락이 만든다

내러티브에 기반을 둔 교육은 자율성을 배경으로 학생들 삶의 맥락에서 교육이 실행되도록 한다. 학생들은 자신이 살고 있는 장소, 관심, 장점, 방향, 꿈을 자신의 내러티브에 담는다. 그 내러티브는 교육과정 설계와 실행의 곳곳에 녹아들고 학생들은 참여하는 과정을 통해 또 다른 내러티브를 형성한다. 능동적 주체 없이는 내러티브를 만들 수 없다. 내러티브가 담긴 학교교육과정은 학생들에게 주어지는 것이 아니라 그들이 직접 만드는 것이다. 이를 위해 학생들이 처한 맥락과 경험의 세계를 반영할 수 있도록 학교 구성원들의 목소리와 성찰이 학교교육과정에 담겨야 한다.

학생들은 자신의 삶의 맥락을 모두 제기한 채 백지상태로 학교에 와있는 존재가 아니다. 한 아이의 사회적 맥락, 그 아이 앞에 놓인 삶의 맥락을 고려하지 않으면 의미 있는 교육과정을 설계하기 어렵다. 학생의 경험 세계와 관련을 맺는 교육과정을 운영한다는 것은 학생의 목소리를 끌어내는 과정과 같다.

지난 시간에는 학기 초 진단 활동으로 자신을 이해하고 표현하기 활동을 진행했다.
"얘들아, 자신을 동물에 비유한다면 어떤 동물과 비슷하니? 토끼? 사자? 독수리?"
"저는 금붕어요. 저는 지난 일을 기억을 못해요. 진짜 기억이 안 나요. 그래서 금붕어 같아요."
영희(가명)는 왜 자기를 금붕어 같다고 하는 걸까. 영희는 학교가 끝나면 1학년 남동생을 데리고 아파트 놀이터에 간다고 했다. 남동생은 친구들이랑 놀고 넌 놀이터에서 혼자 뭘 하냐고 물으니 벤치에 그냥 앉아 있단다. 벤치에 애기 엄마랑 할머니, 할아버지들만 있다고 5학년짜리는 자기밖에 없다고 하면서 웃는다. 어린 시절 엄마와 헤어지고 장기출장 가 있는 아빠를 대신해서 남동생을 돌봐야 하는 12살 아이는 스스로를 금붕어라고 할 만큼 많은 것을 차단하고 나서야 자신의 일상을 버틸 수 있는 걸까.

(C교사 성찰일기 중에서)

영희의 이야기를 들은 C교사는 아이들이 자기 목소리를 낼 수 있는 도전의 기회를 주기 위해 '자치위원 선거 프로젝트'를 학년에 제안했다. 영희는 이 프로젝트에서 전혀 다른 모습을 찾아가기 시작했다. 영희는 자치위원 선거에 도전했다. 백 명 중 사십여 명이 나설 만큼 많은 아이가 도전한 선거였지만 영희에게만큼은 특별한 의미가 있었다. 무엇인가에 스스로 도전하는 경험이 처음이라고 이야기했기 때문이다. 자신의 변화를 알아채고 그 경험을 입 밖으로 꺼내어 이야기함으로써 그 경험에 특별한 의미를 부여한 것이다.

교육과정은 때로 한 아이의 특별한 맥락으로부터 시작되기도 한다. 맥락에는 시간적, 관계적 행동이 포함된다. 개인은 맥락 속에서 자신의 행동을 선택함으로써 주체성을 발현하게 된다. 따라서 맥락에 따라서 서로 다르게 발현되는 학생의 목소리에 귀 기울인다는 것은 학생의 삶을 교육과정에 적극적으로 자리하게 한다는 의미이다. 교육과정에 담긴 맥락은 '시험만을 위한 지식'이 아니라 '나에게 의미 있는 지식', '해야 하는 것'에서 '하고 싶은 것'으로서 한 사람을 질적인 차원에서 이전과 다른 존재로 변화시킬 수 있는 경험을 만든다.

학교교육과정의 연속성은 시간이 만든다

학교교육과정은 1년 단위로 끊어지는 것이 아니라 입학부터 졸업까지 6년에 걸친 연속적인 경험이다. 이 경험의 과정에서 학생들은 과거와 미래를 포함한 현재의 내러티브를 형성해 나간다. 삶 속에서 일어나는 무질서하고 의미 없어 보이는 일련의 사건들 간의 관련성을 드러냄으로써 내러티브는 시간적 연속성을 제공하는 틀이 된다. 시간과 관련된 내러티브의 주요 역할은 어떤 사건이 먼저 일어나고 나중에 일어났는가를 밝히는 것이 아니라 사건들 간에 존재하는 관련성과 그 속에서 드러나는 의미를 구성하는 데에 있다.

드디어 졸업입니다. 얼마 전까지만 해도 졸업을 할 줄은 몰랐습니다. 생각보다 긴장이 되네요. 졸업까지 오는 데에 많은 걸 도와주신 선생님들과 부모님, 감사합니다. 제가 학교를 다니는 동안에 학교가 행복배움 학교로 바뀌었습니다. 처음엔 '이게 무슨 차이지?'라고 생각을 했습니다. 그런데 바뀌고 나니 학교의 모습이 180도 변했죠. 추억도 많이 쌓였습니다. 4학년 때는 직접 회사를 만들어 보는 체험도 했고 5학년 때는 역사를 공부하면서 이런저런 게임을 만들어서 신나게 게임을 즐기기도 했죠. 코로나 상황에서도 6학년 때는 6강부터 어몽 얼스, 여행사 패키지 만들기 등 다양한 걸 했습니다. 저에게는 이 추억들이 모두 소중합니다. 학교는 1학년 때부터 많은 걸 가르쳐 주었습니다. 화를 참는 법, 사과하는 법 등 저에게 많은 것을 알려주었습니다. 이런 학교를 떠나야 한다는 건 슬프기도 하고 긴장도 되고 다양한 생각이 드네요. 저는 ○○초등학교가 알려준 배움과 추억을 안고 중학교에 갈 겁니다. 도와주신 선생님들, 고맙습니다. 그리고 저를 끝까지 믿고 지켜봐 주신 부모님, 정말 감사합니다.

(N초교 졸업생 K의 연설문 중에서)

K학생은 졸업을 앞두고 초등학교 시절을 돌아보면서 자신의 교육적 경험을 추억이라고 말하고 있다. 흔히 추억이라고 하면 기분 좋은 때, 편안한 때, 즐거웠던 때를 떠올린다. 그런데 이 학생에게는 자신의 배움이 연속적인 하나의 내러티브로 구현되고 있다. 교육과정에서의 경험이 K학생에게 의미 있게 남아 있다는 반증이다. 이런 내러티브가 구현되기 위해서는 의미를 구성하여 내러티브로 표현할 수 있는 기회를 반드시 마련해 주어야 한다. K학생의 졸업 연설문 또한 졸업 프로젝트의 일환으로 진행된 성찰 글쓰기의 결과물이다.

경험의 의미는 그 경험 속에 붙박여 있는 것이 아니라 행위 중 경험을 반성적으로 성찰하는 과정에서 생성된다. 학교교육과정은 과거의 기억과 미래에 대한 기대, 현재의 삶의 현장이 통합된 이야기의 교류이다. 따라서 교사는 학생들의 경험의 불연속성을 관리하고 자극하며 학생들이 겪게 될 낯섦에 도전하도록 돕는 조력자가 되어야 한다. 즉, 학생들이 도전과 응전의 삶 속에서 느끼는 긴장과 어려움을 격려하며 학습을 지속하게 하는 것이다. 하나의 경험은 다음 경험의 시작이며, 그 자체로서 하나의 종결이 아니다.

학교교육과정 성찰 속 이야기는 나를 바꾼다

자신의 배움을 돌아보는 성찰의 시간을 통해 아이들은 자신만의 의미를 발견한다. 교사 또한 마찬가지이다. 각종 평가회, 학생과 학부모 설문 등을 통해 자신 스스로, 타인의 눈을 통해 교육과정의 의미를 발견한다. 내러티브는 일종의 해석학적 작업으로 우리가 어떠한 경험을 했다는 것에 대한 단순한 기술이 아니라 그 경험이 어떻게 해석될 수 있으며 어떠한 의미를 갖는가를 탐색하는 과정이다. 내러티브는 혼란 상태의 사건들을 선택하고 조직해서 다양한 요소들을 의미 있는 경험으로 묶을 수 있는 틀을 제공한다. 이처럼 내러티브는 의미의 일관성을 유지하려는 강한 힘 때문에 하나의 결론을 향해 전진하는 경향이 있다. 내러티브에는 말하는 사람의 의미와 가치가 녹아있으며 이것은 자신의 정체성과 연결된다.

Q: 20○○년을 보내고 나서 5학년 때의 나와 가장 달라진 점은 무엇인지 들려주세요.
A: 5학년 때는 사람들 앞에서 말하는 걸 싫어하고 잘 안했는데 6학년이 되면서 사람들 앞에서 말할 수 있는 용기가 조금이라도 생겼다. 그리고 자신에 대해 많은 걸 알게 됐다.

(A학생의 성찰록 중에서)

Q: 20○○년을 보내고 나서 5학년 때의 나와 가장 달라진 점은 무엇인지 들려주세요.
A: 나는 5학년 때 정말 쭈글이였다. 항상 내가 나를 깎아내렸다. 하지만 6학년이 된 이후로 내가 나에 대해 엄청 너그러워졌다. 무엇을 틀리는 게 두렵지 않아졌다. 틀린 것에 대해 내가 더 잘 알게 된다 생각하니 발표할 때도 말할 때도 뭐든지 자신 있어진 것 같다.

(B학생의 성찰록 중에서)

무엇이 좋았는지, 무엇이 아쉬웠는지를 묻기보다는 어떤 점이 달라졌는지를 물으면 의미를 더 잘 발견할 수 있다. 사람은 자신이 변화한 지점에서 의미를 발견하고 그렇게 발견한 의미에 자신을 맞추어 간다. A학생은 '사람들 앞에서 말하는 걸 싫어하던' 나에서 '용기가 조금이라도 생긴' 나를 발견한다. B학생은 항상 '나를 깎아내리는 쭈글이'였지만 '틀리는 게 두렵지 않고 뭐든지 자신 있어진' 나를 발견한다. 내러티브를 통해 자아가 만들어진다는 것은 우리의 존재가 하나의 이야기로 통합되는 것을 말한다. A와 B학생은 1년의 경험을 돌아보면서 통합적인 의미를 발견하고 그 의미를 내러티브에 담았다. 그리고 이후에는 자신이 부여한 의미에 맞추어 그 의미에 맞는 삶을 살아갈 것이다. 이처럼 삶의 의미는 개인이 자신의 삶에서 일치성을 발견하는 것이며 삶에 일치성이 있다고 지각할 때 삶의 의미를 추구하는 삶을 살아가게 된다.

살아온 시간을 내러티브로 구성한다는 것은 연관성 없어 보이는 사건들을 재해석하여 전체의 한 부분으로서의 의미를 부여하는 일이다. 납득 가능하도록 이야기를 구성하기 위해서 불일치하는 개별 사건들, 돌발적인 일들을 하나의 질서 속에서 조화롭게 만들어 간다. 이처럼 학교교육과정은 내러티브를 통해 만들어지며 우리는 학교교육과정을 통해 삶의 의미를 발견하고 추구하는 삶을 살 수 있다.

학교교육과정은 함께 할 때 풍요로워진다

모든 학교에는 학교교육과정이 존재한다. 그러나 그걸 얼마나 명확히 인식하고 있는가 하는 정도는 구성원마다 차이가 있다. 학교교육과정을 명확히 인식한다는 것에는 학교교육과정의 경계를 의식하고 구별한다는 것도 포함되어있다. 경계는 영토, 집과 같은 구체적 공간에만 위치하는 것이 아니라 세계, 정신과 같은 추상적 공간이나 실체가 없는 개념에도 부과할 수 있다. 학교의 물리적인 경계는 비교적 명확하게 정해져 있다. 그러나 교육 목표를 중심에 놓고 보면 학교의 경계는 더 넓어질 수 있다.

학생들은 자신만의 의미를 만드는 데 영향을 주는 개인적 의식의 산물인 시간과 공간의 맥락에서 세계를 경험한다. 경험은 세계 속의 자신을 경험한다는 것과 동일한 말이다. 즉, 경험은 나와 세계의 관계이다. 따라서 학생들의 삶의 터전인 마을은 학교교육과정의 환경이자 원천이 된다. 아이들은 자기가 사는 마을에서 이런저런 일에 몰입하며 자신의 마을을 밀도 있게 경험한다. 생활 반경이 넓은 어른에 비해서 아이들에게 마을은 대부분의 시간을 보내며 거의 모든 일상의 경험을 행하는 장소이다.

학생들의 삶이 학교 안에 한정되어 있지 않기 때문에 학생들의 내러티브는 학교 안에만 머무르지 않고 마을로 확장된다. 애착이 가는 공간은 동일시의 감정을 부추겨서 그 장소와 운명공동체라고 생각하게 된다. 텅 빈 공간에 개인의 경험과 느낌이 더해져서 가치가 부여되면 삶의 토대인 장소가 되는데 장소는 이곳을 사는 사람들에게 정서적 유대감을 부여한다. 내가 살아가고 있는 공간에 대한 긍정적인 정서는 자신의 내러티브를 풍요롭게 만든다. 이 과정을 통해 마을은 아이들의 정체성 형성에 중요한 바탕이 된다.

마을로까지 확장된 학교의 경계는 아이들이 마을 안에서 자신의 가능성과 영향력을 확인할 수 있는 기회를 제공한다. 자신의 삶을 바꾸는 경험을 할 수 있는 공간이 바로 마을이다. 따라서 마을이 교육을 지원하고 교육에 참여한다는 것은 이처럼 학생들이 문제를 발견하고 해결에 참여할 수 있도록 마을의 문을 열어놓는 일이기도 하다. 학교교육과정은 마을로까지 장을 넓히면서 더 풍부한 내러티브를 만들어 갈 수 있다.

학생의 삶을 다루고 성장시키며 내러티브를 통해 마을로까지 확장되는 의미 있는 학교교육과정은 반드시 신뢰할만한 협업 단위, 정서적으로 지원하고 문제 상황을 함께 버티어줄 공동체를 필요로 한다. 학교교육과정이 제대로 운영되기 위해서 동료들과의 협력은 선택이 아닌 필수가 된다.

협력적인 동료 관계는 서로에 대한 신뢰로부터 시작한다. 협력적인 동료들은 더 나은 해결책과 최상의 실행을 위해 함께 고군분투한다. 이 과정에서 교사들은 학생들의 배움에 도움이 된다면 함께 참여하고 다시 배우고자 한다. 그들은 완벽한 교사로서 자신의 모습을 드러내기보다 학생의 성장을 위해 현재의 최선이 무엇인지를 함께 찾는다. 이처럼 교사들이 의미 있는 학교교육과정의 실현을 위해 끊임없이 성찰하며 살아가는 이유는 교사로서의 삶의 의미가 저 높은 곳에 있는 게 아니라 실행과 실천의 과정 중에 있기 때문이다.

삶의 의미를 추구하는 일은 끊이지 않는 실존의 불안을 감내하는 일인 동시에 일의 목적과 의미를 분명히 함으로써 심리적 안녕감을 가져다주는 일이기도 하다. 이러한 의미 추구의 아이러니한 속성은 삶과 그대로 닮아 있다. 삶은 이처럼 예측불가능하고 불연속적이며 파편적인 경험의 조각들로 이루어져 있다. 삶을 생긴 것 그대로 편안하게 받아들일 때 학교교육과정에는 많은 내러티브가 담길 수 있다. 우리는 서로가 서로의 내러티브를 이해하면서 성장하고 변화할 수 있다. 의미 있는 학교교육과정은 내러티브를 통해 우리 모두의 삶을 풍요롭게 만든다. 그래서 학교교육과정은 우리 모두가 함께 할 때 풍요로워진다.

Ⅱ

학교교육과정은 관계다

Ⅱ

학교교육과정은
관계다

　　사람은 누구나 고유의 힘을 가지고 있다. 그 에너지는 자신이 원하는 방향과 속도로 살아가게 한다. 모든 삶의 방향과 속도는 다르고 그래서 우리는 다양한 모습으로 만난다. 서로 다른 사람들이 경계를 유지하며 함께 살아가는 모습, 그 안에 관계가 있다. 서로의 경계를 존중하고 건강한 관계를 맺기 위해서 우리는 용기 있게 나를 드러내고 상대를 포용하는 태도를 가져야 한다. 갈등과 대립은 관계의 실패가 아니라 나와 너를 더 깊이 이해하는 과정이다. 이처럼 관계는 결과로 남는 것이 아니라 항상 어느 과정에 있다.

　　모든 관계는 진정한 만남을 전제로 한다. 철학자 마르틴 부버(Martin Buber)는 타인을 소유의 대상, 미분화된 존재로 여기는 나-그것 관계가 아닌 동등한 주체로 인식하고 존중하는 나-너의 관계로 여길 때 진정한 만남이 이루어진다고 했다. 나라는 주체가 그러하듯 너라는 타자도 고유한 존재로서 자율성을 지닌다.

　　홀로 말하는 이가 아닌 마주 보고 대화하는 나와 너가 만날 때 일상의 배움이 일어난다. 일상의 배움은 삶을 변화시킨다. 학교교육과정은 교사와 학생이 함께 변화하는 지속된 만남이며 그 만남은 삶에서 자연스럽게 이루어진다. 교사가 학교에서 어떻게 살아가는가라는 질문은 교사가 어떤 인간으로 존재하는가에 대해 숙고하게 한다. 교사가 살아가는 방식은 학생에게 인간이 존재하는 하나의 사례가 된다. 따라서 개인이 아닌 우리가 되어 하나의 방향을 향해 함께 나아가는 학교교육과정은 관계를 기반으로 한 삶의 과정을 보여준다. 인간과 인간의 만남으로 서로의 세계를 마주하는 것, 또는 그렇게 관계를 맺는 방식과 태도가 모두 학교교육과정 안에서 드러난다. 이렇게 학교교육과정은 나와 너를 이어주는 관계라는 연결고리를 바탕으로 우리의 목표를 설정하고 그것을 추구하는 과정이다.

1 학교를 움직이는 힘, 역동

우리는 학교에서 많은 사람을 만난다. 만난다는 것은 서로의 삶의 이야기를 듣고 말한다는 것이다. 그리고 이러한 만남은 그들의 고유한 분위기를 형성한다.

개인의 욕구와 관점, 그가 처한 상황과 맥락은 저마다 다르고 다양한 방식으로 상호작용한다. 이러한 가운데 어떤 힘이 작용하는데 이것이 집단의 성격과 방향에 영향을 미치는 것을 집단역동이라고 한다(Lewin, 1948).

여러 사람이 모여 생성하는 관계 속에서 끊임없는 힘의 작용이 일어난다. 학교에서도 이러한 집단역동을 발견할 수 있다. 교사들이 학교 내에서 주고받는 메신저 내용이나 옆 반 선생님의 사소한 말 한마디에도 그 집단의 역동이 담겨 있다. 왜냐하면 타인과의 상호작용 과정에서 내가 하는 말과 행동, 비언어적 표현 및 침묵조차 상대방에게 영향을 미치기 때문이다. 나아가 나, 너뿐 아니라 제3자, 또는 집단 전체와도 영향을 주고받는다.

우리가 학교에서 집단역동에 관심을 가져야 하는 이유는 구성원이 서로 영향을 주고받기 때문이다. 모빌의 흔들림을 떠올려 보라. 꼭대기의 미세한 흔들림이 얇은 실들로 연결되어 있는 모든 것을 일깨우기도 한다. 내가 집단에 가진 관심의 정도, 참여 유무와 상관없이 내가 그 집단에 소속되어 있다는 사실은 변함이 없다. 개인적인 교사 문화를 극복하고 상호 협력과 교류를 강조하는 이유가 바로 여기에 있다.

개인의 감정, 동기, 욕구 등과 같은 심리적 요인이 집단에 작용한다. 따라서 그러한 삶의 장면을 자세히 들여다보고 거기서 일어나는 다양한 에너지의 작용을 살펴보는 것은 개개인의 삶의 방식 및 태도를 넘어 우리가 속해 있는 학교의 특성을 이해하는 데 중요한 지점이 된다.

살아있는 학교를 들여다보다

학교교육과정은 다양한 사람들이 가진 이야기의 만남과 확장이 이루어지는 과정이다. 서로가 가진 이야기의 만남은 다른 방향성을 갖기 때문에 갈등과 혼란이 따른다. 학교교육과정을 실행하면서 겪게 되는 이와 같은 다양한 어려움의 지점들을 집단역동이라는 관점으로 살펴볼 수 있다. 우리가 겪는 어려움을 회피하지 않고 능동적으로 현재를 직시할 때 역동적인 학교 현장에서의 진정한 교사의 실존을 마주할 수 있다. 이는 더 나은 교육과정을 향해 나아갈 수 있는 힘이된다. 무심코 지나쳤던 순간들이 모여 우리의 삶의 방식과 방향을 결정한다.

▪ 교사들의 대화

A교사: 이번 단원의 주제는 '교류'이지요. 촌락과 도시의 생활을 비교하고 공통점과 차이점을 알아보는 활동을 할 수 있을 것 같아요. 어떤 방식으로 접근하면 좋을지 아이디어를 나누어 봐요. 작년 교육과정에서는 다른 지역 학생들과 학급 교류를 했어요. 편지를 주고받는 거죠. 각자가 살고 있는 지역에 대해 소개를 하기도 하고, 서로 알아가면서 친구가 되기도 하더라고요.

C교사: 작년에 운영해 보니 교류할 학급을 찾는 것이 어렵더라고요. 다행히 선생님들이 함께 여기저기 도움을 요청해서 모두 학급을 찾을 수 있었어요. 그런데 올해는 그게 쉽지 않을 것 같아요.

A교사: 저는 경기도에 있는 동기가 마침 같은 학년이어서 한 학급은 섭외가 된 상태예요.

B교사: 그럼 그 한 학급만으로 하면 어때요? 우리는 모둠별로 하면 되지 않을까요? 한 모둠이 그쪽 학급의 한 친구랑 교류를 하는 거죠. 효율적인 것도 고려했으면 좋겠어요. 모두가 힘들 필요 없어요. 합리적이고 효율적인 방법을 생각해봐요.

A교사: 그렇게 하면 학생 개개인에게 의미가 있을까요? 그리고 상대방 학생 한 명이 여러 명이랑 연락을 해야 하니 부담이 될 수도 있고요. 교류할 수 있는 학급을 찾아보면 좋겠습니다.

... (일동 침묵)

A교사: 다른 선생님들 의견은 어떠세요?

C교사: ...

한 가지 주제에 대해 각자 가진 생각은 다양하다. 위 대화는 같은 학년 교사들이 모여 교육과정 협의를 진행하고 있는 모습이다. A와 B교사는 교육과정 실행 방법에 있어 서로 다른 견해를 드러낸다. 이들은 다른 구성원들이 자신의 생각에 힘을 실어주길 요청한다. 하지만 C와 D교사는 자신의 의견을 정확하게 드러내지 않고 침묵과 유보적 태도를 취한다. 논의의 방향을 주도적으로 끌고 가는 사람이 있는 반면 타인의 의견을 수용하는 자세를 취하는 사람도 있다. 이 또한 문제의 상황이나 종류, 그 순간의 나의 욕구와 역할에 따라 선택지는 달라진다. 이처럼 학교에서 일어나는 모든 일은 정해진 프레임에 맞추어 가는 퍼즐이 아니다. 학교의 부분이면서 스스로 전체이기도 한 개인들이 포개어지고 때론 맞서기도 하는 일상에 관심을 기울이고 이를 함께 읽어야 한다.

인간은 자신에 대해 이해하기 위해 내가 한 행동과 말, 생각, 글 등을 돌아본다. 그 안에서 자기 삶의 사건을 해석하고 어떻게 구성하는지 탐색한다. 마찬가지로 학교가 가지고 있는 특성, 구성원들의 태도, 행동을 관찰하면서 우리 학교만이 가진 고유한 정체성과 맥락적 특성을 확인할 수 있다.

관계 속에 역동이 드러나다

한 집단이 가지는 특성은 고정되어 있지 않다. 한두 명의 구성원 변화로도 긍정적 시너지가 발생하거나 반대로 불협화음이 커지기도 한다. 각각의 개인은 그대로인데 그들이 상호작용하는 방식은 달라지기 때문이다. 내가 가진 어떤 특성이 이 사람과는 문제가 없었지만 다른 누군가와는 심각한 갈등을 일으킬 수도 있다. 개개인만 보아서는 보이지도, 이해되지도 않는 독특한 현상이 집단역동의 특성이다.

집단역동은 집단의 목적, 의사소통 구조, 구성원들의 갈등과 긴장, 지위와 역할 등에 따라 다양한 형태로 나타난다. 그중에서도 갈등과 긴장은 구성원들의 관계에 직접적인 영향을 미치고 오랫동안 지속되면 집단 전체를 무너뜨릴 수 있다는 점에서 중요하다.

학교교육과정은 하나의 교육목표를 두고 함께 교육활동을 운영하는 것이므로 만남이 전제된다. 만남은 동등한 주체인 나와 너가 마주하는 것이기에 다름이 드러나고 갈등도 발생한다. 갈등 상황을 대처하는 방식은 사람마다 다르다. 누군가는 문제를 들여다보지 않고 자연히 사라지기를 기다리거나 유무형의 힘으로 상대방을 제압하려 애쓰기도 한다. 또는 순응하기도 하고 적극적으로 개입하여 해결하고자 노력하기도 한다.

■ **교사 협의회**

A교사: 3월 한 달 모두들 고생 많으셨습니다. 3월 평가와 함께 4월 교육과정 운영계획 협의를 시작하겠습니다. 우리 학교는 생태교육의 일환으로 텃밭 활동을 하고 있어요. 작년처럼 이어서 하는 것에 대한 의견을 나누어 주세요.

B교사: 텃밭 활동을 반드시 해야 할까요? 교사가 각자 자신의 방식으로 생태교육을 할 수 있습니다. 교사가 잘하는 것을 찾아 알아서 가르치는 게 무엇보다 중요하죠. 교사의 자율성을 존중해 주어야 한다고 봅니다.

C교사: 에이, 뭘 그렇게 심각하게 생각해요? 그냥 하면 돼요. 가끔 가서 물만 주면 알아서 큽니다. 저 일 추진하는 부장님이 얼마나 힘들겠어요. 매년 텃밭 준비하고 어디 사용하라고 안내하고... 일 추진하는 사람 생각해서 그냥 합시다.

D교사: 기다려보죠. 그러면 교무실에서 어떻게 하라고 안내가 올 거예요. 그냥 시키는 대로 해요. 그건 그렇고, 다음 주 계획은 뭐죠?

E교사: 기존에 해 왔기 때문에 이번에도 그냥 하기보다는 이 활동을 왜 해야 하는지 고민해 봤으면 좋겠어요. 텃밭이라는 자원이 있으니 이것을 활용하여 우리 아이들이 의미 있게 배울 수 있는 방법을 함께 찾아보면 좋을 것 같아요.

특정 교육활동에 대한 협의 과정은 교사들에게 불편한 상황일 수 있다. 그 상황에서 우리는 입장을 드러내고 그 판단이 타인에 대한 비난이 될까 염려하기도 한다. 그래서 교사들은 교육과정 평가 과정에서 자신을 드러내지 않고 나름의 가면을 쓴다. 즉, 운영 결과에서 발견된 문제를 꺼내어 직면하는 것을 피한다. 하지만 내가 가지고 있는 생각이 비언어적 방식으로도 드러날 수도 있고 침

묵 속에 나의 의도를 숨길 수도 있다. 대부분의 대처는 적응, 회피, 강제, 협력 중에 선택하게 된다. 나와 타인의 갈등 처리 방식을 돌아보는 것은 집단역동을 이해하는 데 도움이 된다.

따라가기, 적응

우리는 상황을 바꿀 수 없고 그냥 받아들이는 것이 최선이라고 판단할 때 적응을 시도한다. '좋은 게 좋은 거다'의 생각으로 원만한 관계를 위해 자기에 대한 이해보다는 상대방에 대한 관심과 배려를 먼저 고려하는 선택이다. 이처럼 사람들은 상대가 원하는 것을 들어줌으로써 크고 작은 갈등을 해결하기도 한다. 물론 수용이나 순응은 개인의 지평이 보다 넓어지는 것일 수도 있다. 기존에 내가 가지고 있는 생각이 전혀 다른 타인의 관점을 만나 조절의 과정을 거쳐 인식이 변했을 수도 있다.

하지만 많은 경우 집단의 평화(라고 생각하는 자신의 믿음), 갈등 조정의 피로, 시간의 부족 등 다양한 이유로 자신의 요구를 거두어들이기도 한다. C교사는 '심각하게 생각하지 말고 그냥 하던 대로 해요.'라며 지금의 상황을 모면하기 위한 일시적 수용을 선택한다. 내가 하는 교육적 행위에 의미 부여를 하지 않고 '행사 치르기' 식으로 수행하는 것은 결국 소극적 저항의 한 방법일 수 있다. 적응은 바꿀 수 없는 일을 바꾸기 위해 노력을 들이지 않아도 된다는 장점이 있지만 주변 상황을 무시하거나 한 발 떨어져 있는 것이기도 하다.

물러서기, 회피

D교사는 '다음 주 계획은 뭐죠?'라며 이야기의 화제를 전환함으로써 논의로부터 벗어나고 있다. 아무것도 하지 않음으로써 문제에 대처한다. 사람들은 상황을 바꿀 수도 없고 견디고 싶지도 않을 때 회피한다. 선택의 결과로 자신에게 중요한 것을 포기해야 할 때도 있지만 기본적으로 회피는 쉽고 간단한 방법이다. 갈등을 마주하는 것에는 많은 에너지와 노력이 필요하다. 그래서 불편한 사실을 외면하고 부인한다.

나의 욕구와 집단이 지향하는 바의 간극이 너무 커서 좁히기 어렵다고 판단할 때 아예 그 공간에서 떠남을 택하기도 한다. 그 집단과 나의 관련성을 과소평가한다. 물론 그것은 자신에게 끼치는 영향력이 적다고 생각하기 때문이다. 특히 적응과 회피는 수동적 방식으로 눈앞의 갈등을 잠재우기 위해 필요하기도 하다. 그러나 회피는 해결해야 할 과제에서 자신을 멀어지게 하고 소외시키기도 한다.

하나의 정답, 강제

옳은 방향이 하나라고 생각할 때 우리는 강제라는 방법을 쓴다. 나와 비슷한 의견만이 옳고 좋으며 그것이 유일한 대안이라고 생각하기 쉽다. '지금으로서는 이게 가장 나은 방법이지 않아?, 어떻게 다른 걸 선택할 수 있지?'와 같은 내 안의 의문은 대부분 강제가 강한 경우에 생긴다. 강제가 항상 폭력이나 강압을 동반하는 것은 아니다. 오히려 회유하고 평화적인 분위기를 만들면서도 강제할 수 있다. 들어주되 수용하지는 않는다. B교사는 '교사의 자율성을 존중해 주어야 한다.'며 자신이 옳다고 생각하는 것을 일방적인 방식으로 제안한다. 나름의 정당한 근거를 가지고 있긴 하지만 다른 생각을 가진 타인과 타협할 수 있는 지점은 설정하고 있지 않다는 점에서 한 방향으로 이끄는 강압적인 측면이 있다. 강제의 방식은 갈등에 능동적으로 대처한다는 장점이 있지만 서로 다른 입장을 양쪽에서 밀어붙일 때에는 모두가 원하는 결과에 도달하기 어렵다. 다원적인 사회에서 반론의 여지가 없는 정답이란 존재하지 않는다.

가장 올바른 선택? 협력

마지막 선택지는 협력이다. 위의 E교사는 '의미 있는 교육 방법을 함께 찾아 봐요'라며 능동적이면서도 긍정적인 방식으로 과제를 해결하고자 한다. 그것을 바탕으로 우리 학교가 나아가야 할 방향을 구성원들이 함께 고려하기를 권하고 있다. 협력은 나, 너의 분리가 아니라 우리라는 공동체 자체에 관심을 가지고 힘을 합하여 문제를 해결하려는 태도이다. 이 태도는 문제해결 과정에서 발생할 수 있는 갈등에 대한 접근 역시 사람이 아니라 문제 자체에 집중하는 것이다. 구성원들이 모두 문제에 집중하여 함께 해결하려는 협력의 경험은 구성원 간의 역동을 긍정적인 방향으로 이끌어 학교교육과정 전체에 도움이 된다.

이처럼 우리는 협력을 네 가지 문제 대처 방법 중에 가장 긍정적이면서도 갈등을 완화하기에 적절한 접근이라고 생각한다. 하지만 현실에서 협력을 통해 갈등을 해결하는 것은 어렵다.

모든 사람은 지금의 나에게 가장 나은 선택지를 고른다. 적응, 회피, 강제보다 협력이 나에게 더 이익이 되는 상황일 때 협력을 택하게 되는 것이다. 물론 협력은 혼자서 선택한다고 되는 것이 아니다. 양쪽이 모두 원하는 것이 일치해야 하는데 그렇지 않은 경우가 훨씬 더 많다.

역동을 다루며 나아가다

사람과 사람이 만나는 자리에서 힘의 부딪힘은 불가피하고 이 힘의 부딪힘과 처리 방식의 차이로 인해 역동이 발생한다. 학교교육과정은 교육이라는 목적을 가지고 각자의 신념이 만나는 것이기에 더욱 치열하다. 교사 개인이 처한 상황이 모두 다르고 생각, 관심 또한 다양하기 때문에 문제는 늘 존재한다. 이러한 문제를 해결하기 위해서는 눈에 드러나는 현상을 원인이나 결과로 단정 짓지 않고 일의 맥락을 살펴야 한다. 즉, 사회적 상황에서 나타나는 관계 양상과 겉으로 보이지 않는 숨겨진 심리적 요인들을 알아볼 필요가 있다. 집단에서 일어나는 힘의 역학을 복잡한 에너지의 교환이 이루어지고 있는 전체적 관계로 이해하는 것과 개인 간의 감정적 부딪힘으로 바라보는 것에는 분명한 차이가 있다. 이를 통해서 교육과정 속 갈등과 분열을 넘어 서로를 이해하여 교육과정의 공동 창조자가 되어 함께 성장할 수 있다.

행동의 이면 살피기

개인의 행동에 영향을 미치는 내적 요인은 다양하다. 내가 지금 이렇게 생각하고 행동하는 이면에는 평소 인식하지 못하는 오랜 삶의 경험을 통해 다져진 태도, 신념 같은 것들이 담겨 있다. 눈에 보이는 것은 원인이라기보다는 선택의 결과인 경우가 많다. 따라서 보이지 않는 것이 어쩌면 진실에 더 가까운 그 사람의 본심일 수 있다. 사람들의 행동을 이해하기 위해 보이는 것 너머에 있는 의식적·무의식적 사고방식을 알아챌 수 있어야 하는 것이다.

학교라는 사회적 상황에서 개인이 어떤 선택과 행동을 하는지 이해하는 것은 학교교육과정 운영 속에서 발생하는 다양한 역동을 다루는 출발이다.

1) 좋은 사람으로 보이고 싶다

사람은 누구나 좋은 사람으로 평가받고 싶은 욕구를 가지고 있다. '저 선생님은 참 괜찮은 사람이에요.', '무엇이든 열심히 하시는 우리 학교의 별이에요.'와 같이 다른 사람들로부터 자신의 능력과 가치를 긍정적으로 평가 받기를 바란다. 인정을 추구하는 것은 인간의 기본적이고 보편적인 욕구이며 개인의 행동에 영향을 미치는 동기이기도 하다.

인정 욕구가 강할 때 나에게 의미 있는 타인이나 다수의 압력과 일치하는 행동을 할 가능성이 높다. 그래서 교육과정을 운영하는 데 있어 자신의 교육적 가치를 담고 그것을 반영하기보다 학생, 학부모, 관리자 등의 요구에 지나치게 민감하게 반응하기도 한다. 이는 그들에게 자신이 어떻게 보이는지 의식하고 타인으로부터 비난, 거부, 무시 받는 것이 두렵기 때문이다. 그런 심리적 불편함을 피하기 위해 타인의 시선을 신경 쓰고 그들에게 인정받는 행동을 하게 된다.

다만 그러한 행동조차도 실은 나의 선택이라는 것을 알아차리고 인정하는 것이 필요하다. 문제 대처 상황에 처했을 때 익숙한 나의 행동 패턴을 점검하고 또 다른 선택지에 대해서도 고려하는 것이다. 그러한 돌아봄을 통해 자신에 대한 이해는 물론이거니와 타인 나아가 우리 집단을 통찰하는 안목을 키울 수 있다.

2) 책임의 무게를 피하다

어떤 행위의 결과를 책임진다는 것은 그만큼의 무게를 견뎌야 함을 뜻한다. 개인의 일은 개인에게 책임이 있지만 조직이나 집단의 일은 리더에게 그러한 역할을 기대한다. 권위에 복종한다는 것은 누군가에게 권위를 부여하고 그에게 책임을 요구한다는 뜻이기도 하다.

권위에의 복종은 사회적 관계에서의 행동에 영향을 미치는 중요한 심리적 요인 중 하나이다. 이제는 실험연구의 고전이 된 밀그램의 복종 연구는 행위의 책임 소재가 모호할수록 타인에게 책임을 전가하고 권위자의 명령이나 의사를 그대로 따른다는 것을 보여 주었다.

학교에서 일어나는 많은 일을 관리자나 소수의 리더가 결정하여 효율적으로 추진해 주기를 바라는 요구에는 권위에의 복종에 대한 심리가 담겨 있을 수 있다. 때로는 권위자의 요구를 수용하거나 반대로 책임을 부여할 필요도 있다. 그러나 자신이 그들의 의견에 따르는 것을 최우선 순위로 두고 있지는 않은지 행동의 이면을 살펴보아야 한다. '공문대로, 교과서대로, 교육청 지침에 따라, 교장 선생님 말씀에 따라' 행해지는 교육과정 운영은 사회적 관계에서 무비판적인 권위복종의 한 사례일 수 있다. 책임을 회피하기 위해 자신이 무비판적인 행동을 선택했다는 사실을 인정하고 그것을 있는 그대로 바라보는 용기가 필요하다.

3) 내 편과 네 편을 가르다

일반적으로 개인의 힘보다 집단의 힘이 강하다. 혼자서 할 수 없는 일도 여럿이 함께하면 실현 가능성이 높아진다. 교육과정을 운영할 때에도 교사 개인이 설계하여 실행하는 것보다는 같은 학년이, 나아가 학년 간 연계를 통한 학교 구성원이 함께 협력하여 운영할 때 훨씬 더 강력한 교육적 성공을 이룰 수 있다. 그렇다고 집단이 발휘하는 힘이 항상 긍정적인 것만은 아니다.

편향은 인지적 함정과 같은 것이다. 논리적인 사고 과정을 거친 결론이라고 믿는 사실들이 실은 정당한 이유가 없는 선입견, 편견이거나 우리라고 믿는 내집단에 대한 선호를 드러내는 치우친 생각일 수 있다.

예를 들어 교육과정에 대해 협의할 때 평소에 불편함을 느끼던 구성원이 제안하는 의견에 대해 부정적인 태도를 갖기 쉽다. 이때에는 의견의 내용이 아니라 내가 그 사람을 오랜 시간 함께 생활하면서 겪어 본 결과로 불편함을 느끼는 것인지를 돌아볼 필요가 있다. 물론 그 사람이 실제로 대인관계가 원만하지 않은 사람일 수 있다. 다만 내가 그에 대한 인상과 의견의 내용을 분리시켜 생각하지 못할 수 있다는 가능성을 염두에 두자는 것이다.

'사람은 내가 겪어보지 않고는 모른다.', '많은 사람이 이상하다고 할 땐 그럴 만한 이유가 있는 거야.' 중에 무엇이 진실일까? 사람들은 자신의 생각을 합리화

할 수 있는 것을 선택하고 그것을 증거로 삼는다. 편향 또한 사회적 관계에서 쉽게 일어나는 일반적 현상이다. 따라서 집단 내 다수의 편향된 사고가 누군가를 낙인찍고 있진 않은지 지켜보아야 한다. 평가와 판단을 배제하고 백지의 상태에서 대상을 떠올려 보는 연습이 필요하다.

우리는 인간이기에 지적으로 사고할 수 있지만 사회적 관계와 상황에서 잘못 판단할 가능성 또한 있다는 것을 기억해야 한다. 호기심을 갖되 쉽게 속지 않고 비판적이되 냉소적이지 않고 열려 있되 빠져들지 않는 태도를 가져야 한다.

갈등 너머를 바라보다

앞선 장에서 집단 내 개인들의 의견이 서로 다를 때 사람마다 그것을 처리하는 방식에 차이가 있다는 점에 대해 살펴보았다. 우리가 그 사실을 인식하는 것만으로 학교교육과정에서 발생하는 어려움을 극복할 수 있는지 의문이 생긴다. 왜냐하면 학교교육과정은 서로 다른 생각과 힘이 부딪쳐 만들어가는 실재이기 때문이다. 실재는 인식과 겪음을 모두 포함한다.

학교교육과정에서의 어려움은 우리 학교만의 특수한 문제나 개인의 문제가 아니라 집단이라면 발생할 수 있는 보편적 현상임을 인식해야 한다. 그리고 공동체가 함께 겪어 해결해야 하는 과제로 바라보아야 한다. 혼자 가는 열 걸음이 아니라 함께 가는 한 걸음을 위해 교사의 협력과 공유된 교사리더십의 발휘가 필요하다.

■ **교사 협의회**

A교사: 온라인 개학을 하면서 플랫폼을 결정해야 합니다. 우리 학교는 어떤 걸로 할까요?

B교사: 요즘 너무 힘들어요. 왜 이렇게 요구하는 것들이 많은지... EBS 활용하는 거 어때요?

C교사: 아이들과 채팅, 라이브 방송이 가능한 것을 해 보고 싶어요.

D교사: 이런 것은 교육청 차원에서 좀 결정을 해서 안내를 해주면 좋겠는데, 뭐든 다

교사 집단은 학생을 가르치는 사람들이 모여 있는 동질집단이기도 하지만
연령, 성별, 가정환경, 삶의 가치 등이 매우 다양한 이질집단이기도 하다. 따라
서 교사마다 학교에서 수행해야 하는 과제에 대한 관점이 다양하다. 이렇게 서
로 다른 생각을 가진 사람들이 함께 하는 학교에서 모두가 행위의 주체자가 되
어 협력할 수 있는 방안에 대해 고민해 보아야 한다.

교사리더십 깨우기

전혀 예상하지 못한 방식의 수업을 진행해야 하는 상황에서 D교사는 정확한
지침을 내려주지 않는 교육청과 학교 측의 처리에 불만을 토로한다. 학교교육과
정을 운영하면서 교사들은 상위 부서나 상부 기관이 명확한 지침 및 매뉴얼을
내려주기를 기대한다. 하지만 어떤 매뉴얼이나 지침도 우리 학교의 문제를 완벽
하게 해결해 줄 수 없다.

원격수업 상황에서 발생하는 문제는 학교의 여건, 학생들의 환경, 학부모의
요구에 따라 모두 다르다. 그래서 우리 학교에 가장 적합한 방식을 선택하기 위
해서는 구성원들의 논의 과정이 필수적이다. 교사와 학생이 어떤 방식으로 상호
작용할 것인지는 학교의 주체들이 결정해야 하는 것이다.

특히 교육의 전문가로서 교사는 학교교육과정의 내용과 방법을 주도적으로
계획하고 실행해야 한다. 하지만 지금까지의 학교문화에서는 소수의 몇몇만이
교장, 교감, 부장 등 관리자라는 이름으로 교육과정에 관한 결정권을 가졌다. 그
래서 교사들은 교육과정을 국가교육과정 문서에 따라 실행하는 역할에 한정되
고 교육과정을 개발하는 창조적인 행위로부터 멀어졌다.

이러한 관행으로 인해 교사들은 특정한 지위를 부여받은 사람들에게만 결정

권이 있다고 여기고 오히려 능동적으로 문제를 해결하고자 하는 동료들을 불편하게 느끼기도 한다. 또는 적극적으로 노력하는 교사들조차 자신은 리더가 아니라고 말한다. 하지만 교사리더십은 조직의 구성원들이 함께 업무를 협력적으로 수행하면서 서로의 전문성을 신장시켜 가는 수평적 개념이다. 기본적으로 교사는 모두 리더다. 교사가 권력을 행사하고 안하고의 여부와 상관없이 아이들 앞에 선 교사는 권위를 가진 존재다. 따라서 교사 안에 내재되어 있는 리더십을 발견하고 그것을 발휘할 수 있도록 지속적인 의사결정 과정에 참여하는 것이 필요하다.

모두가 의사결정 과정에 참여한다는 것은 특정한 리더십을 가진 한 사람의 의견에 무조건 따르지 않는 것이다. 그 상황에서 가장 적절한 리더십을 발휘하는 사람을 자발적으로 따르는 조직의 유연성이 필요하다. 교사는 누군가의 관리, 감독을 받는 자가 아니라 자신의 판단에 의한 책무성과 권한을 키워가는 존재이다. 그것이 학교에서 일어나는 역동을 다루며 나아가는 진정한 교사리더십이다.

협력, 어떻게 해야 할까?

학교교육과정은 홀로 애쓰던 나의 좁은 교실을 벗어나 동료와 건강한 우리의 문화를 만들어가는 것이다. 사례 속의 B교사는 원격수업의 플랫폼을 결정하는 논의 과정의 필요성을 느끼지 못한다. 수업은 교실 속에서 일어나는 것이고 결정은 각 교사의 몫이라고 여긴다. 이러한 생각은 교사를 자신의 교실에만 머물게 함으로써 함께 성장할 수 있는 기회를 막는다. 자신의 교육적 어려움에 대해 도움을 받고 서로의 노하우를 공유하는 협력은 어떻게 이루어질까?

첫째, 학교의 성장과 교사의 이익을 함께 고려해야 한다. 이것이 서로 상충하는 경우에는 협력이 일어나지 않는다. 학교교육과정을 하는 과정에서 무엇이 모든 구성원에게 보탬이 되는 지점인지 고민해 보아야 한다. 이와 함께 교사의 이익을 학년이나 개인 이기주의를 타당화 하는 것으로 오해해서는 안 된다. 학생의 성장과 교사로서의 성장이 서로 조화를 이루는 지점을 발견해야 하는 것이다.

둘째, 일단 실행해보자는 자세가 필요하다. 모든 것이 완벽하게 준비가 되어야만 앞으로 나아갈 수 있을 것이라는 기대를 내려놓아야 한다는 뜻이다. 협력은 대부분 복잡하고 통제되지 않는 상황에서 요구되며 이는 분명한 합의나 예측 가능한 실행이 어렵다는 것을 의미한다. 그러한 상황을 무시하고 하나의 계획과 해결책만을 이끌어 내려고 애쓰다 보면 한 발짝도 나아가기 어렵다. 어느 쪽으로든 움직일 때 새로운 관점과 대안이 나타날 수 있다. 기존의 것을 고수하기만 할 때 우리는 다른 것들을 볼 여유를 가지기 어렵다. 일단 움직여야 한다.

셋째, 작은 변화의 의미를 알아차릴 수 있어야 한다. 협력은 이끌어 내기도 어렵고 학교의 변화를 극적으로 만드는 것도 아니다. 협력은 모두가 한 번에 큰 걸음을 내딛는 것이 아니다. 각자의 보폭에 맞춘 움직임에서 미세한 협력이 시작되고 있음을 발견하는 눈이 필요하다. 그것이 가져오는 작은 변화로부터 또 다른 협력을 시도하고 더 큰 협력의 가능성을 찾아야 한다.

넷째, 정답은 하나가 아님을 기억해야 한다. 우리가 추구해야 할 정답이 하나라는 가정으로 출발하면 구성원들을 통제하기 쉽고 이는 강제로 느껴질 수 있다. 그러면 협력의 가능성은 점점 더 멀어진다. 정답을 안다고 확신하면 다른 사람의 답을 고려할 여지가 줄어들고 함께 나아가는 것은 훨씬 어려워진다.

협력은 공동체와 개인의 성장을 이끈다. 그러나 여전히 존재하는 협력에 대한 냉소적인 시선과 불편한 마음들, 시간 대비 비효율적이라는 생각, 경쟁구조 등으로 인해 협력은 시작되기 어렵다. 또한 소수의 입김이 센 교사와 관리자들에 의한 강제적 혹은 인위적 협력도 있다. 자발성을 기초로 하지 않은 공동체는 모래 위에 쌓아 올린 집과 같다. 빨리 성과를 내려고 따라오지 못하는 사람에게 계속 인위적 협력을 하게 만들고, 다른 방향을 용인하지 않으면 공동체 안에서 저항을 불러일으킨다.

저항을 알아차린 조직은 각자의 주장을 내려놓고 구성원들의 참여를 이끌어 낼 수 있게 된다. 그 참여는 공공을 위한 것이어야 한다. 또한 공동체에게 요구되는 것은 역동으로 인한 혼란을 의식하고 용기 있게 줄타기를 시도하는 것이다. 불안하고 지난한 줄타기를 함께 하는 과정에서 우리는 적절한 수준에서 합의해야 한다. 적절한 수준의 합의는 이곳에서 서성이지 않고 다음 걸음을 내딛을 수 있는 힘이 된다. 협력은 불확실함과 논쟁을 품고 앞으로 나아가는 것이다.

집단의 문제는 집단에서 해결해야 한다. 집단이 갖는 힘을 믿고 당면한 어려움을 공동체에서 공식화하고 논의하는 과정을 통해 해결하고 치유할 수 있다. 다양한 개인적 욕구와 감정이 만나는 자리에서 사람들의 힘이 어떻게 작동하고 있는지에 대해 이해하는 것은 학교교육과정의 실행과 성공에 강력하게 영향을 미친다.

이를 바탕으로 구성원 모두가 학교교육과정 실행의 주체로서 주인의식을 가지고 공동체를 바라보는 눈을 가져야 한다.

2 관계 그 이상의 관계, 문화

문화는 울타리가 된다

모든 문화는 낯설게 다가온다

문화는 한 집단이 공유하는 사고, 믿음, 행위의 방식이다. 학교는 각자의 고유한 문화를 갖고 있다. 학교문화로 인해 분위기가 결정되고 그 분위기가 학교만의 고유한 특징으로 나타난다. 그래서 학교문화는 학교의 다양한 의사결정과 학교생활에 영향을 주게 된다. 학교마다 가지고 있는 업무 처리 방식, 문제해결 방식 등은 서로 다른 모습으로 나타난다. 그로 인해 교사들은 학교를 옮길 때마다 낯선 느낌을 받는다.

> **▪ 교무실에서 대화**
>
> **A교사:** 교감 선생님, 이번 연도 청소년단체 활동 계획서입니다. 이대로 결재 올려도 될까요?
>
> **교감:** 우리 학교는 결재 올리기 전에 미리 검토 받을 필요 없어요. 결재 올리고 메시지만 주세요.
>
> **A교사:** 아... 그래도 괜찮을까요? 네. 알겠습니다.

이전 학교의 생활양식이었던 사전 구두 결재 방식이 익숙한 A교사는 새로운 학교의 문화에 낯선 감정을 느낀다. '이 학교는 왜 이래?'라며 불만을 가질 수도 있고, '이렇게 해도 돼요?'라며 놀라기도 한다. 이처럼 공간, 시간 운영, 구성원의 역할 및 관계의 차이가 존재하기 때문에 교사들은 이전 학교와 끊임없이 비교하게 된다. 이는 사람들이 다른 문화를 접할 때 느끼는 감정의 불안을 해소하기 위해 취하는 태도라고 할 수 있다.

그러나 문화의 다름에서 느껴지는 불편감은 불안에 머무는 것으로는 해소되지 않으므로 새로운 문화에 적응하기 위해 노력한다. 교사들은 이러한 과정을 거쳐 새로운 학교의 문화에 동화된다. A교사의 모습처럼 새로운 문화에 동화되어가는 교사들은 학교를 옮길 때마다 초임 교사가 된 것 같다는 이야기를 하기도 한다. 교사는 교직 기간 내내 달라진 문화에 적응하며 살아가게 된다. 따라서 교사들이 학교문화가 자신에게 영향을 주고 있음을 인식하게 되면 변화를 수용하고 유연하게 대처할 수 있다.

학교문화가 교사의 삶이 되다

문화는 해당 문화권에서 살아가는 사람들의 울타리가 되어준다. 울타리는 그 속에서 살아가는 사람들을 보호함과 동시에 울타리 안과 밖을 구분 짓는 역할을 한다. 따라서 사람들은 울타리 속에서 어울려 살아가기를 원하고 이를 위해 자발적으로 자신의 행동양식을 조절한다. 울타리 밖으로 벗어나지 않기 위해 자신이 속한 문화에서 필요한 행동양식을 체화하게 된다.

문화는 개인이 추구하는 삶의 의미에도 영향을 준다. 우리가 추구하는 삶의 의미는 내가 경험해 온 환경 속에서 출발한다. 내가 삶 속에서 받아온 문화의 영향과 개인의 선택이 결합되어 삶의 목적을 형성한다. 학교에서의 목적 역시 비슷한 과정으로 형성된다. 내가 처음 만난 학교, 동료 교사부터 현재 몸담고 있는 학교까지 매 순간 주어진 환경의 영향에서 개인의 교육적 가치가 형성된다. 이처럼 내가 추구하는 교육과정은 내가 경험한 문화의 영향 속에서 이루어진다.

교사는 교육과정으로 얘기하는 사람이라고 생각해요. 교육과정에는 내 생각이 담기죠. 교육과정을 운영하며 학생들의 변화를 보는 것은 제가 가진 보람입니다. 언제부터 교육과정을 중요하게 생각했을까요? 잘 모르겠지만 아마 우리 학교에 발령받은 뒤 그 속에서 조금씩 알게 된 것 같아요. 교육과정에 집중할 수 있는 환경이 조성되어 있었고

학년이 다 같이 교육과정을 운영하며 성과를 나눌 수 있었으니까요. 우리 학교가 아니
었다면 교육과정에 대해 고민하는 지금과는 다른 삶을 살았을 것이라 생각합니다.

(B교사 심층면담 중에서)

B교사는 교육과정을 중시하는 환경에서 교육과정에 대한 알아차림을 바탕으
로 교육과정이라는 교육적 가치를 선택했다. 학교문화는 개인에게 여러 선택지
를 제공하는 환경과 같다. 선택이 이루어지는 데에는 학교문화라는 환경과 교사
의 교육철학이 영향을 준다.

문화는 각기 다른 삶과 사고방식을 가진 사람들이 협의하고 교섭하며 제도
화함으로써 구성된다. 교육과정을 중시하는 학교문화에서 B교사는 자신의 교육
관을 변화시키는 경험을 하게 된다. 그 경험에서 B교사는 동료교사와의 대화와
협의를 통해 교육과정을 중심에 둔 문화를 내면화 한다. 이처럼 학교에 존재하
던 문화는 교사의 삶에 영향을 준다.

문화는 선천적으로 가지고 태어나는 것이 아니라 후천적으로 습득되는 것이
다. 지금까지 내가 거쳐 왔던 학교들의 영향은 나에게 일정한 패턴으로 남아 학
교에서 살아가는 삶의 모습으로 표현된다. 이처럼 학교문화에 영향을 받아 관습
화된 교사의 행동양식을 교사의 아비투스(Habitus)라고 한다.

아비투스란 행위를 가능하게 하는 근본 바탕이자 우리 안에 있는 '사회적 무
의식', '객관적인 구조를 내면화해서 오랫동안 계속되는 지각, 구상, 행위의 도
식'이다(Bourdieu, 1985). 교사에게 남아있는 흔적들을 살펴보면 우리가 의도적
으로 선택한 흔적도 있지만 무의식적으로 선택된 흔적들도 있다.

교사는 여러 학교를 거치며 사고의 틀을 변형시키거나 재생산하며 자신의
아비투스를 만들어나간다. 자신에게 형성된 아비투스는 학교문화를 해석하는 기
준이 된다. 아비투스가 고정불변한 것이라면 새로운 학교문화를 받아들이기 어
렵다. 그래서 교사는 새로운 학교에서 자신의 아비투스와 학교의 접점을 맞춰가
며 끊임없이 변화한다. 따라서 교사 자신의 기준은 새로운 학교에 맞게 변형되
기도 하고 그 기준을 능동적으로 선택하기도 하며 학교 속에서 자신의 아비투스
를 만들어간다. 학교문화와 교사의 아비투스는 상호작용하며 삶의 장면에서 선

택과 행위를 결정한다. 이 과정의 매 순간마다 교사는 수많은 깨짐과 깨우침을 겪으며 자신의 삶을 만들어간다.

학교문화는 상호의존적이다

학교를 포함한 모든 사회의 문화는 한 가지로 고정되어 있지 않다. 학교문화에 영향을 주는 구성요소는 정책, 구성원의 욕구, 지역적 특성 등 매우 다양하다. 이러한 구성요소 간의 교섭 과정이 없다면 학교문화는 학교 운영의 권한이 있는 몇몇 사람들에 의해서 만들어지게 될 것이다. 따라서 학교문화는 학교를 둘러싼 모든 환경과 그 속에 속한 요소들의 상호작용을 거쳐야 한다. 다음 사례는 학교문화와 교사, 교사와 교사 간 상호 교섭에 관한 사례이다. 사례의 교사는 자신의 행동이 학교문화에 미치는 영향에 대해 이야기한다.

우리 학교에는 교육과정 운영과 관련해서 학년 회의를 할 때 모두가 의견을 내는 문화가 있어요. 경력에 관계없이 누구나 얘기할 수 있어야 한다고 말씀하셔서 저도 의견을 많이 냈어요. 이해 안 되는 부분에 대해서 질문하기도 하고 개인적인 생각으로 좋다고 느껴지는 것들에 대해서 주장하기도 했어요. 저한테는 너무 당연한 일이었는데 그런 태도가 타인에게 영향을 주기도 하는 것 같아요. 덕분에 학급 운영에 큰 도움이 되었다니 저로서는 기분 좋은 일이었어요.

(C교사 심층면담 중에서)

사례의 학교는 교육과정을 구성하며 교사 간 교섭이 일어난다. 교사는 대화와 토의를 통해 다른 사람이 가진 교육에 대한 관점과 그의 이야기를 알게 된다. 이러한 앎은 교육과정에 있어서 주체적 행위와 협력을 이끈다. 이를 통해서 특정한 사람들을 중심으로 운영되는 학교 구조가 아니라 구성원 모두의 힘으로 운영되는 학교문화를 형성해 나가게 된다. 이처럼 학교는 교사들의 목소리가 모여서 움직인다.

개인의 아비투스가 반영된 목소리는 유기적인 연관을 맺으면서 학교의 문화를 구성한다. 각기 다른 아비투스가 만나는 학교는 문화적 상호작용의 장이 된다.

이러한 상호작용이 교사 개인의 아비투스를 뛰어넘어 학교의 문화와 친밀해지는 학습의 기회가 된다. 각자의 목소리를 내며 협력하는 문화는 서로의 성장을 지원한다.

문화에 이름을 붙이다

교육과정을 바라보다

가르침은 자료나 교과를 가르치는 것을 넘어선 문화적 매개 과정이다. 학교교육과정은 전문가가 만들어 놓은 교육과정의 내용과 방법을 그대로 사용하는 것이 아니라 학교만의 고유한 문화를 매개로 자신만의 빛깔을 생성한다. 그 과정에서 학교 구성원의 목소리를 담은 학교교육과정의 실현이 가능해진다. 이때 필요한 것이 교사의 주체적 행위와 협력을 위한 민주적인 학교문화이다.

민주적인 학교문화에서는 교육 주체가 수평적 관계에서 자발적으로 학교 운영에 참여하는 학교 자치가 가능하다. 이를 통해 학교 구성원 모두가 교육과정에 결정 권한을 가지고 책임지는 학교교육과정이 실현될 수 있다. 그러나 대부분의 학교에서는 제도적 한계, 민주적 의사결정 구조의 부재, 학교 운영 자율권 보장 미비, 교육 주체의 학교 운영 참여 의지와 역량 부족 등으로 민주주의가 실현되기 어렵다. 이러한 이유로 구성원의 목소리를 담아내는 학교 자치와 이를 통한 학교교육과정 실현을 저해하는 학교문화가 유지된다.

학교 내에 존재하는 문화에 이름 붙이기

우리는 개인의 경험에서 오는 단편적인 인상으로 학교의 문화를 이해하는 경우가 많다. 관리자나 부장에 의해 결정되는 모습이 인상 깊었던 경우에는 학교문화가 수직적인 문화라고 생각한다. 다른 사람과 접촉 없이 대부분의 일과를 고립되어 보내는 경우에는 학교문화를 개인적인 문화라고 느낀다. 그리고 가시적인 성과와 행정업무 중심의 학교 운영을 경험한 경우에는 학교문화를 성과주의 문화로 인식한다.

그러나 학교문화는 단편적인 사건으로 규정될 수 없고 다양한 측면을 고려해야 한다. 학교문화란 학교라는 공간을 둘러싸고 형성되어 있는 가치 규범이다. 교사들이 학교문화를 무조건적으로 수용하는 것은 아니다. 학교문화에 저항하거나 무임승차하는 등 다양한 모습을 보인다. 이 모든 것들이 학교의 독특한 문화적 특성을 결정한다. 이처럼 학교문화는 역동적인 작용을 통해서 형성되는 것이기 때문에 한 가지로 고정되어 존재하지 않고 다양한 모습으로 나타난다. 이와 같은 학교문화의 다양성으로 인해 구성원들이 문화를 쉽게 이해하지 못하게 되며 이는 구성원 간의 소통을 어렵게 한다. 이러한 문제를 해결할 수 있는 방안이 학교문화에 이름 붙이기이다. 학교문화에 이름을 붙인다는 것은 눈에 보이지 않는 문화 현상들을 객관적이고 경험적으로 명료화하는 과정이다.

구성원 모두가 학교문화에 이름 붙이는 과정에 참여하는 과정은 교사들이 역동적인 학교문화에 대해 알아가는 기회를 제공한다. 이름 붙이기를 통해 우리 학교의 내면을 보다 넓은 시야로 조망할 수 있고, 그전에는 발견하지 못했던 의미를 찾아 변화시킬 수 있다.

학교문화에 이름 붙이기는 학교가 가지고 있던 관행을 탐색하고 변화지점을 발견하게 한다. 학교문화를 점검하는 것은 학교문화의 지평을 확장하는 출발이다. 경영학자 로버트 퀸(Robert E. Quinn)의 조직구조에 대한 분류 기준을 바탕으로 학교문화를 관계지향, 과업지향, 위계지향, 혁신지향으로 구분하여 살펴보고자 한다.

1) 관계지향적 학교문화: 신뢰를 향한 공동체

관계지향적 문화는 집단 내부 요인 중 구성원들 사이의 관계를 지향하는 문화로서 조직 내에서 가족적인 인간관계에 중점을 두며 공유된 가치와 목표, 결속력, 참여, 우리의식을 강조하는 문화 유형이다(Cameron & Quinn, 2011). 관계지향적 문화는 학교에서 구성원들 간 팀워크, 신뢰 등의 가치를 중시하며 서로에 대한 이해를 바탕으로 학교와 학생, 교육을 바라보는 공동의 눈을 설정하는 데 도움을 준다.

관계지향적 문화는 교사와 학생, 교사와 교사 간의 상호 교섭을 유발하여 교육과정을 풍부하게 만드는 힘이 된다. 그러한 교섭 과정에서 교사와 학생은 자신의 이야기를 가지고 교육과정에 참여한다. 관계지향적 문화가 학교에 자리 잡앉을 때 비로소 우리의 이야기가 교육과정에 담기고 실현된다.

반면에 관계지향적 문화가 제대로 정착되지 않았을 때 교사들은 학교에서 소외를 경험한다. 교사가 학교에서 소외를 경험하면 학생과 동료와의 관계, 교육과정과 수업, 교사로서의 삶으로부터 분리된다. 교사들은 자신이 무슨 일을 하고 있는지 깨닫지 못한 채 전문가로서의 자유의지는 사라지고 조직의 규율과 법이 윤리적 판단의 준거라고 여기며 이에 복종하는 양상을 보인다. 어떤 문제에 대해서 양심이 소환되지 않고 자신에게는 궁극적인 행위 책임이 없다고 여기는 것이다.

> A교사: 다른 학년 선생님들에 대해서는 잘 모르고 지내는 것 같아요. 학교가 학년 단위로 조직되어 있어서 그런지 학교의 크기와 관계없이 다른 학년 선생님들과는 교류가 적다고 생각해요. 그나마 같은 학년을 했던 선생님들 안부를 묻는 정도? 그 정도죠 뭐... 그렇게 지내도 학교에서 생활하는 데 큰 지장은 없으니까 불편함은 잘 모르겠어요.
>
> B교사: 어차피 애들은 1년 있다가 떠나잖아요. 그 1년 동안 열심히 한다고 애들이 달라질 거라고 생각 안 해요. 그냥 잘 데리고 있다가 다음 학년에 잘 올려보내면 내가 할 일은 다 한 거라고 생각해요.
>
> (A학교 교사 심층면담 중에서)

사례에 나타난 A교사와 B교사 모두 학교에서 다른 구성원과의 상호 교섭이 일어나지 않는다. 이는 학교 내 관계에서 교사 자신을 소외시키며 소속감을 상실한 것이다. 이러한 삶은 겉으로는 서로를 존중하는 것처럼 보이지만 의미 있는 수준으로 관계 맺지 못한다는 면에서 보면 피상적인 관계들이다.

상호 교섭이 일어나는 관계는 '친밀하다'를 넘어서서 정서를 함께 조절하고 의미를 공동으로 만들어내는 만남이어야 한다. 구성원들은 그러한 만남의 경험을 통해 신뢰를 쌓아간다. 교육과정을 운영할 때 발생하는 다양한 어려움을 극복하며 쌓게 되는 신뢰는 의미를 공동으로 창조해 가는 공동체를 형성하게 된다.

2) 과업지향적 문화: 목표를 향한 공동체

과업지향문화란 조직의 생산성, 성과, 그리고 이익에 초점을 맞추고 목표 달성을 중시하는 문화이다(Cameron & Quinn, 2011). 학교의 성과는 학교의 교육력으로 표현할 수 있다. 학교의 교육력은 교육이 최대한 많이 일어나도록 하는 힘을 의미한다. 이는 학교교육이 성공적인가 아닌가를 가르는 기준이 된다. 학교 교육력 향상은 구성원들의 효능감과 만족감을 충족시킨다.

그러나 학교에서 과업지향적 문화를 추구하는 장면을 찾아보기는 쉽지 않다. 이는 학생들의 성장과 발달을 수치화하기 어려운 교육의 특수성 때문이다. 그나마 찾아볼 수 있는 학교 집단의 성과는 연구학교로 지정되어 특정 연구에 대한 성과를 추구하거나 각종 공모 사업을 운영하는 경우이다. 이러한 경우의 성과는 교육활동에서 얻어진 의미 있는 결과라기보다 사업 자체가 성공적으로 운영되었음을 드러내는 가시적인 성과 지표로부터 오는 경우가 많다. 그것마저도 학교 구성원 모두가 함께 참여하여 얻어낸 성과가 아니라 소수가 참여하여 얻어낸 각자의 성과이다. 그렇게 과업에 참여한 교사들은 개인적인 만족이나 승진점수와 같은 보상을 추구한다. 이처럼 학교에는 모두가 같은 목표를 가지고 학교의 성과를 지향하는 문화보다 개인적인 목적을 위해서 성과를 추구하는 문화가 형성되어 있다.

> 저는 학교의 사업들이 실패하는 경우를 본 적이 없어요. 어떤 교육과정을 운영하든, 학생들이 어떤 학생들이든, 교사가 어떤 태도로 참여했던 그 결과는 항상 최상의 결과더라고요. 결과를 정해놓고 과정을 인위적으로 만들어 가다보니 겉으로 성과가 있어 보이지만 이게 교육적으로 의미 있는지는 잘 모르겠어요.
>
> (D교사 심층면담 중에서)

D교사는 학교에서 진행되는 사업이 가시적인 성과는 보여주지만 교육적인 효과를 담고 있는지에 대해 의문을 가진다. 학교에서 운영되는 사업들은 D교사의 경우처럼 보여주기 식 일 처리로 진행된다. 그러나 학교교육이 효율성만을 따진다면 잘못된 결과를 초래할 수 있다. 학교교육은 반드시 효율성과 함께 효

과성을 점검해야 한다. 효율성은 목표를 이루기 위한 과정의 경제성에 중점을 두는 것이고, 효과성은 목표를 달성하여 원하는 결과를 얻는 것을 말한다. 효율성은 가성비를 따지지만 효과성은 올바른 수행이었는지를 묻는다. 효율성은 표준화를 추구하며 유연성을 거부하지만 효과성은 혁신을 선호하고 획일화를 거부한다. 학교교육과정은 학교의 교육력을 높이고 효과적인 학교를 만드는 데에 지대한 역할을 한다.

이를 위해 비전을 공유하며 구성원이 함께 만들어가는 학교교육과정을 통해 목표 달성과 그에 대한 성과를 교육과정 안에서 발견해야 한다. 이는 모두가 참여한다는 의미에서 소수의 성과가 아닌 학교 전체의 성과를 추구하는 모습이며 학교에서 달성하고자 하는 목적을 행정업무에서 발견하기보다 교육활동 안에서 찾아가는 모습이다.

3) 위계지향적 문화: 안정을 향한 공동체

위계지향적 문화는 안정성과 통제에 대한 필요성과 함께 내부적 유지를 강조하며, 그 문화에서는 규칙에 의한 규제와 질서의 강조가 조직의 핵심 가치가 된다(Denison & Spreitzer, 1991). 위계지향적 문화는 학교가 안정적으로 운영되기 위한 학교 운영의 틀에서 찾아볼 수 있다. 이는 일정 주기로 순환 근무를 하는 교사들이 학교에 적응하는 데 예측 가능한 틀을 제공하며 학교 역시 사람들의 이동과 관계없이 학교 고유의 색깔을 유지하는 데 도움을 준다. 위계지향적 학교문화는 안정적인 학교 운영을 위한 학교 내 제도와 이미 정해져 있는 운영 방식의 유지로 나타나며 구성원들이 학교 안에서 예측 가능한 삶을 살아갈 수 있도록 돕는다.

교육과정 운영은 다양한 사회적 요구와 학교 구성원의 욕구를 반영한다. 이 과정에서 교사들은 갈등을 겪고 실행에서의 혼란을 경험하기도 한다. 위계지향적 문화는 이러한 갈등과 혼란을 감소시킨다. 왜냐하면 정교화된 규칙과 규정을 통해 조직의 예측 가능성과 안정성을 확보함으로써 의사결정에 있어서 갈등을 최소화할 수 있기 때문이다. 이러한 안정성을 바탕으로 교사는 전문가로서 자신의 수업과 교육과정에 능률을 높일 수 있다.

그러나 위계지향적 문화는 유연하고 창의적인 교육과정을 운영함에 있어 규정과 규칙을 지키는 것이 목표가 됨으로써 목표 전환 현상을 가져온다. 또한 권한 위계의 엄격성은 한번 결정된 구조가 변화되기 어렵게 만들고 수직적인 의사결정 구조가 학교에 유지되도록 한다. 교사들은 수직적인 의사결정의 아비투스를 내면화하게 되며 위계 안에서 주어진 일을 익숙한 방식으로 처리하는 것에 편안함을 느낀다. 그리고 그 문화는 학교에 존재하는 관행적인 아비투스를 끊임없이 재생산시켜 구성원들이 그 직무에 순응하게 하는 역할을 한다.

> 학교가 과거와 크게 다르지 않다는 말에 동의해요. 학교에서 가르칠 내용이 크게 바뀐 것도 아니고 학생들이 필수적으로 알아야 할 것들이 과거랑 다르다고 생각하지도 않아요. 어떤 학년을 맡아도 하던 방식대로 하면 충분히 1년 동안 별 탈 없이 보낼 수 있고, 업무도 기존 하던 방식대로 하면 수월하게 할 수 있어요. 굳이 바뀌어야 할 이유가 있을까요?
>
> (E교사 성찰일기 중에서)

E교사는 학교에서 가르쳐야 할 내용이 과거와 크게 다르지 않다는 이유로 교사 자신의 삶도 변하지 않아도 된다고 생각하고 있다. 학교의 위계가 견고할수록 교사들은 수동적인 삶을 살아가게 된다. 교육과정과 학교 운영에 대해 의견은 소수 결정권자들의 몫이다. 그래서 교사는 학교 내 이루어지는 여러 의사결정에 주체적으로 참여하기보다 결정된 방식을 그대로 따른다. 변화로 인한 불확실성과 마찰에서 오는 불편함보다 익숙한 삶을 유지할 수 있게 하는 기존방식으로 살아가는 것이 편안하다. 이러한 이유로 교사는 문화를 그대로 유지하는 재생산 방식에 암묵적으로 동의한다.

위계지향적 학교문화는 효율적인 의사결정과 안정적인 학교 운영에 도움이 된다. 학교가 그 구조 속에서 안정적으로 운영될 때 구성원들은 학교에 대한 적응의 과정을 최소화하여 효율적인 삶을 살 수 있다. 이 문화에서 구성원들은 누군가에 의해 결정된 학교교육과정을 그대로 따르는 것이 최선의 선택이 된다. 그러나 학교교육과정은 한 사람이 기획하고 설계하는 것이 아니라 모두가 함께 하는 것이다. 이는 각자가 주어진 일에 갇히지 않고 교사로서 전문성을 살려 교육과정에 주체가 됨으로써 가능하다. 따라서 소수의 지시와 다수의 실행으로 나타나는 학교문화에서 벗어나 모두가 학교교육과정에 참여하여 서로의 의견을 공유하는 구조가 필요하다. 학교에서 위계지향적 문화는 기존 문화의 재생산 기제로 활용되는 것이 아니라 안정적인 학교교육과정 운영에 도움이 되는 형태로 기능할 수 있어야 한다.

4) 혁신지향적 문화: 변화를 향한 공동체

혁신지향문화는 조직 환경의 변화에 창의적이고 발전적으로 대응하고 성장을 위한 자원의 획득과 새로운 업무의 개발에 중점을 두는 문화 유형이다 (Quinn & Kimberly, 1984). 이는 학교의 제도적 변화를 추구하거나 교육에 대한 새로운 가치를 추구하는 모습으로 나타난다. 혁신지향적 문화는 교육이 지향하는 여러 가치를 만나게 되는 계기를 만들어 줄 수 있다. 또한 틀에 박힌 학교생활에 새바람을 넣어주어 교육에 대한 새로운 관점을 형성하게 도와준다.

학교는 구조의 안정성을 추구하는 공직의 특성 때문에 새로움을 지향하는 모습이 잘 드러나지 않는다. 그나마 기존 학교에서 볼 수 있는 혁신지향적 문화는 운영 주체의 변화에서 나타나는 소수의 주도하에 이루어지는 혁신인 경우가 많다. 이때 구성원들은 공유되는 미션과 핵심 가치, 비전을 '좋은 말씀' 정도로만 여기고 자신의 것으로 받아들이지는 않는다. 이처럼 구성원들의 동의를 얻지 않은 변화는 그들로 하여금 학교혁신에 대해 부정적으로 인식하게 한다.

민주주의는 그 말 자체로는 참 좋죠. 학교에서 민주주의를 추구하기 위해서 새로운 방식들을 도입한다는 것도 이해는 되고요. 하지만 새로운 것을 해야 하는 건 아닐까 하는 부담이 있어요. 참여해야 할 회의도 많아질 것 같고, 결정하기까지 시간도 많이 길릴 것 같아요. 교사들이 책임져야 할 일들이 늘어나는 건 아닐지 걱정돼요.

(F교사 심층면담 중에서)

F교사는 민주적인 학교문화로의 혁신에 대해 부담을 느끼고 있다. 민주적인 학교문화는 모두가 지향하는 이상적인 문화라고 할 수 있다. 그럼에도 의사결정의

비효율성, 구성원의 책무성 증가, 변화에 대한 부담 증가 등의 현실적인 문제를 동반하기도 한다.

혁신지향적인 문화의 추구는 아비투스와 현실 사이에서의 이력현상을 초래한 다. 이력현상(hysteresis)은 현실과 아비투스 사이에 간극이 존재함에도 이전에 갖 고 있던 지각 및 인식을 새로운 상황에 그대로 적용하는 것이다(Bourdieu, 1984). 혁신이란 이 편차를 좁히기 위해 우리가 끊임없이 추구해야 할 집단의 성장과 같 은 의미를 지닌다.

집단을 쇄신하거나 성장시키고자 하는 욕구에서 출발한 혁신지향적 문화는 관습화된 학교 운영 방식과는 달리 학교의 제도적 변화를 추구하거나 새로운 관 점으로 교육을 바라보고 그것을 학교에 적용하고자 한다.

모든 경계에는 꽃이 핀다

교육과정 중심의 문화

학교교육과정은 공식적 문서뿐 아니라 학교에서 교육과정을 실행하는 비공 식적 제도까지 포함하는 학교문화의 산물이다. 따라서 교육과정을 설계하는 과 정과 교육과정을 운영하는 수업의 장면 전반에서 교사들은 실제 문제를 해결하 고 최선의 대안을 선택하며 역동적으로 문화를 만들어 간다. 상황맥락적인 이 과정에서 교사들은 자신의 이야기를 교육과정에 담아낸다. 교육과정은 그 속에 담긴 내용, 교사의 삶 그리고 학생의 삶이 만나 펼쳐지기에 구성원의 이야기를 다채롭게 드러낸다. 교육과정은 학교라는 공간에서 6년이라는 시간 동안 교사와 학생들이 함께 만들어가는 문화의 핵심이 된다.

그러나 지금까지 학교교육과정은 학교문법에 따라 운영되어 왔다. 학교문법 은 학교에서 일정한 규범에 의해서 관행적으로 이루어지는 교육활동을 말하는 데 이를 표준운영 절차라고도 부른다. 학교문법에 따라 학교교육과정은 국가교 육과정의 권위를 반영한 교과서의 내용에서 벗어나기 어려웠고 학교는 규격화 되었다. 이에 학교문법에 따라 운영되는 학교는 변화하는 사회 현실을 전경으로 다루지 못하고 관습적인 문화를 유지해 왔다. 이와 같은 학교문화는 구성원들이 삶과 세계를 변화시키는 주체가 아닌 사회의 흐름에 맞추어 살아가는 객체로서의 삶을 선택하게 한다. 따라서 학교는 고착화된 학교문법에서 벗어나 교육과정 본연의 의미를 찾고 교육과정과 관련된 아비투스의 변화를 추구해야 한다.

교육과정에서 출발한 아비투스의 변화는 교육과정에 국한되지 않는다. 교육과정의 주인으로 선 교사는 자신의 교육활동에 영향을 주는 학교문화에 능동적으로 만들어간다. 교사 간 상호 교섭이 교육과정을 풍부하게 만드는 것처럼 교사가 학교에서 마주하는 여러 상황에 민주적으로 참여하는 것은 바람직한 학교문화를 형성한다. 이러한 인식의 변화를 통해 공고한 벽으로 둘러싸여 있던 나의 경계는 상호교류가 가능한 형태가 된다. 주체적인 교사는 함께 만들어가는 학교의 모습을 그리며 새로운 학교의 문화를 창조해 나가는 삶을 추구한다.

관계 그 이상의 관계

학교의 문화는 우리 눈에 보이지 않는 수많은 요인의 상호작용에 의해 결정되기 때문에 문화를 바꾸기 위해서는 학교를 둘러싼 모든 요인을 고려해야 한다. 학교는 수많은 요인이 상호작용하는 복잡계(complex system)이다. 그 속에서 오랜 기간 굳어진 학교의 관습들은 표면적으로 나타나는 몇 가지 문제 상황을 바꾸는 것으로는 변화시키기 어렵다. 학교문화를 개선하기 위한 일반적인 접근이 회의 구조, 업무 재구조화 등의 운영 체제 개편이다.

그러나 학교는 운영 체제의 일부분을 변화시키는 것 또는 개인의 열정과 노력만으로 변화하지 않는다. 학교를 바꾸기 위해 노력하는 교사들은 새로운 문화의 장을 열기 위해 기존에 존재하는 아비투스와 끊임없이 투쟁하며 살아간다. 따라서 우리에게 필요한 것은 학교의 구성원들이 사회변화에 따라 사고의 틀과 행동양식을 능동적으로 비꾸어 변화에 잘 적응하도록 유도할 수 있는 전체적인 시스템이다.

이러한 의미에서 학교교육과정은 관계이다. 이 관계는 우리가 생각하는 인간과 인간 사이의 관계를 넘어서는 관계이다. 인간과 환경의 관계, 인간과 제도의 관계, 환경과 제도의 관계 등 문화를 구성하는 모든 요소 간의 관계들 속에서 형성되는 것이 학교교육과정이다. 따라서 학교문화는 구성원들의 민주적인 참여에 기반한 학교 자치를 실현하는 방향으로 재구조화 되어야 한다. 그 문화는 학교 교육과정을 자발적으로 운영하는 과정에서 출발한다.

교사의 자발적 참여에 의한 학교교육과정에는 교사 개개인의 이야기가 담겨 있다. 학교교육과정을 한다는 것은 학교 전체가 획일화된 내용 또는 강요된 비전을 요구받는 것이 아니라 구성원들이 상호 이해를 바탕으로 새롭게 만들어가는 것이다. 이 과정에서 교사는 자신의 이야기를 드러내고 동료의 이야기에 공감하게 된다. 이는 교사의 개별적 성장 경험이자 서로의 지평을 넓히는 교섭의 과정이다. 따라서 학교교육과정은 교사 개인의 교육적 가치 실현을 촉진하면서도 공동체의 이상을 현실화하는 경험이다.

학교교육과정 안에서 교사 자신의 지평이 넓어지는 경험은 학교에서의 삶이 나와 밀접한 관련이 있음을 알아가는 것이다. 이는 주체적인 삶을 살아가는 교사들이 각자의 경계를 존중하며 교육과정을 통해 공명하여 우리가 되는 과정이다. 경계는 다르고 이질적인 것들이 만나는 곳이다. 같은 것들만 모여 있는 곳에서는 나올 수 없는 새로운 것이 만들어진다. 그 경계에는 학교교육과정의 꽃이 핀다.

III

학교교육과정은 시스템이다

Ⅲ

학교교육과정은
시스템이다

　교사들은 간혹 알 수 없는 원인 때문에 교육과정 운영이 원활하지 않고 뭔가 지체되는 경험을 하게 된다. 교사는 교육과정 운영의 답답함을 해소하기 위해 여러 방법을 모색한다. 하지만 교육과정은 학생들의 삶의 맥락과 자발성, 감정, 가치관 등 다양한 요인이 복합적으로 작용하여 실현되는 것이기에 그 문제를 간단히 해결할 수는 없다. 예를 들어 학교교육과정을 계획하고 실행하기 위해 비전을 공유하려 했으나 비전을 발표하며 강요하게 되기도 한다. 또 성찰협의회를 통해 교육과정의 변화를 꾀하고자 했으나 구성원들의 관행적인 칭찬으로 끝내는 협의회를 위한 협의회가 되기도 한다. 이는 당장 학교 구성원들의 부담을 덜어주고 분위기를 해치지 않는 해결책이라고 볼 수 있다. 그러나 학교교육과정 운영을 위해 실제 해결하고자 했던 문제는 그대로 남아있다.

　이러한 현상은 뚜렷한 실체 없이 교통체증이 발생하는 유령정체에 비유할 수 있다. 유령정체를 겪고 있는 운전자는 도로에서 가다 서다를 반복하며 교통체증의 원인이 무엇인지 파악하려 하지만 운전을 하는 도중에 그 원인이 무엇인지도 알기 어렵고 원인을 안다고 해도 운전자가 해결하기에는 버거운 것일 수 있다. 결국 운전자는 교통체증이 끝나기만을 기다리며 차안에서 짜증을 내거나 음악을 들으며 기다리는 수밖에 없게 된다. 마찬가지로 학교교육과정을 운영하며 발생하는 문제도 원인을 정확하게 파악하기 어렵고 정확한 해결책을 제시하기 어려운 경우가 대부분이다. 이러한 이유로 교사들은 당장 맞닥뜨린 난관과 답보상태를 해결하기 위해 미봉책을 찾아 빠르게 교육과정 운영을 정상화하려고 한다. 그러나 미봉책은 언제나 다시 터지게 마련이다. 당장 문제가 해결되는 듯한 착각을 불러일으키고 구성원들의 불만도 줄어드는 것 같지만 학교가 가지고 있던 문제는 그대로 존재한 상태이기에 어디선가 다른 형태로 어려움을 겪게 된다. 이때 필요한 것이 구성원 모두의 시스템 사고이다. 시스템 사고를 통해 학교교육과정을 전반적으로 살펴보고 정확한 원인을 파악함으로써 구성원들이 스스로 문제해결의 주체가 되어야 진정한 변화를 이끌 수 있다.

시스템 사고는 모든 구성 요소들이 상호작용하며 복잡하게 얽혀 있음을 고려하는 시스템 기반 사고이다. 학교교육과정이 답보 상태에서 벗어나 변화하기를 바란다면 학교 조직과 구성원들의 변화를 위한 시스템이 운영되어야 한다. 시스템은 세포로 구성된 유기체를 하나의 세포로 이해하지 않고 총체적으로 연결된 조직으로 바라보는 생물학적 개념에서 비롯되었다. 몸의 세포가 연결되어 상호작용하며 기능하는 것처럼 학교도 복잡하게 얽힌 유기적인 집합체이다. 따라서 학교교육과정은 원인과 결과가 단선적으로 연결되어 있지 않고 다양한 원인과 예측할 수 없는 결과가 거미줄과 같은 형태로 확장되어 있다. 한 곳에서 문제가 발생하면 다른 쪽도 영향을 받게 되고 그 영향으로 인해 예측할 수 없었던 결과를 초래하기도 한다.

이러한 학교교육과정의 특성을 고려한다면 부분과 전체를 다각적으로 조망하고 체계적으로 해결방안에 접근하는 시스템 사고가 문제해결의 열쇠가 될 수 있을 것이다.

학교교육과정이 되게 하는 힘,
시스템 사고

시스템은 일이 되게 하는 메커니즘 또는 원리이다. 학교교육과정이 중심이 되는 학교를 원한다면 학교에서 무엇을 해야 할까? 우선 시작해야 할 것은 기존 학교교육과정의 구조를 살펴보고 그것이 실현되는 현상을 이해하는 일이다. 시스템에 대해 이해하려면 구조를 이루는 요소와 요소 사이의 관계에 포커스를 맞추어야 한다.

학교교육과정을 시스템으로 인식한다는 것은 교실 안에서의 수업에만 집중해오던 나만의 세계관을 바꿔 학교 공동체 전체를 보는 것이다. 이를 통해 나의 일과 다른 사람의 일의 접점을 발견하게 된다. 나아가 더 이상 학교 일을 방관하거나 외부인의 입장에서 평가하지 않고 학교의 주인공이 되어 내부자로서의 인식을 가지게 된다. 이러한 과정에서 교사는 전체의 흐름 속에서 자신의 포지션을 발견하며 알아차린다. 비로소 공동체 내에서 자신의 역할을 적절히 수행하며 자발적으로 문제해결에 참여하게 된다. 시스템 사고는 교사를 진정한 학교 공동체의 구성원으로 자리매김 할 수 있게 한다.

'부장님, 이건 모두 같이 의논해서 함께 하는 사항 같은데요.'라며 선생님들이 저에게 말을 해요. 먼저 그런 얘기를 꺼내서 함께 하자고 하는 건 처음 겪는 일이라서 그런 게 저한테는 힘이 되죠. 교육과정을 운영하는 힘은 선생님들로부터 나오는 거잖아요. 선생님들이 교육과정 얘기할 때 자신의 일과 학교의 일을 구분하거나 가리지 않고 모두의 일이라고 생각해요. 그래서 아무도 역할을 정하지 않았는데 자기 역할을 찾으며 각자 자리에서 하고 계세요. 우리의 목적이 무엇이고 서로가 여기서 어떤 걸 해야 하는지 함께 조정하려는 모습, 그게 진정한 지원이라고 생각해요.

(A부장 심층면담 중에서)

사례에 나오는 교사들은 교육과정 실행이 원활하게 진행되도록 내용을 제안하고 교육활동을 위해 협력한다. 이는 각자가 원하는 방식을 고집하거나 강요하지 않고 공동체 전체의 맥락을 고려하며 학교교육과정과 자신의 교육과정을 연결하는 것이다. 학교는 학생의 성장을 목적으로 교육과정을 운영하는 조직이다. 따라서 교사들은 학교교육과정의 각 부분 또는 전체가 일관성 있는 방향으로 나아가기 위해 각자의 노력을 하게 된다. 이와 같은 교사 개개인의 노력의 합이 학교교육과정이라고는 볼 수 없다. 즉, 같은 물리적 공간에서 수업을 열심히 한다고 해서 학교교육과정에 참여하는 것은 아니다. 참여는 함께하는 것을 의미한다. 학교교육과정을 함께하는 것은 학교 교육목표에 맞게 구성원들이 의미를 공유하며 서로의 성장을 촉진하는 행위이다. 이에 학교교육과정이라는 공동의 관심사를 매개로 학교 전체와 나의 교실이 서로 연결되어 있음을 깨닫게 된다. 그리고 그 속에서 다른 교사들의 표현에 반응하고 때로는 나를 드러내며 설득함으로써 협력적인 시스템 사고를 발현한다. 따라서 시스템 사고를 하게 되면 교사는 학교교육과정의 전체 맥락을 인식하여 자신이 무엇을 해야 하고 어떤 실행을 해야 하는가 통찰을 하게 되고 그것은 구체적인 실행을 위한 동력이 된다.

발코니에 올라 학교교육과정을 바라보라

학교교육과정은 전체와 부분을 동시에 보는 것이다. 학교에서 일어나는 모든 교육활동은 복합적이다. 이에 교육과정 실행 중에 발생하는 다양한 문제들의 상호 연관성과 인과관계를 포착하기 어렵다. 문제해결의 실마리를 찾으려면 문제를 객관적으로 바라보며 다각적으로 검토하려는 노력이 필요하다. 그러나 대부분의 학교에서는 문제의 본질을 파악하기 위한 시간을 갖지 못한다. 문제에서 한 발 떨어져서 생각하는 과정을 생략한 채 눈에 보이는 현상만을 해결하기 위해 자신들에게 익숙한 방식으로 문제를 바라본다. 이는 마치 의사가 환자를 치료할 때 정확한 진단 없이 추측을 통해 처방을 내리는 것과 같다. 학교교육과정의 변화를 원하지만 문제를 빨리 해결하려는 조급함, 명확하고 즉각적인 해결책을 기대하는 주변 사람들의 요구 등으로 인해 근본적인 방안을 찾지 못하는 것이 결국 실패를 되풀이하게 된다.

■ **교사 협의회**

A교사: 담임 선생님들은 교육과정을 운영하는 데 행정적인 업무가 있으면 부담스러워요. 그래서 교무, 연구, 그리고 2~3명을 더해서 지원팀을 구성하는 게 교육과정 운영에 효과적이지 않을까요?

B교사: 교육과정 지원팀 운영에 찬성합니다. 다만 교무, 연구 외에 지원팀을 할 사람이 있을까라는 생각이 들었어요. 교육과정 지원팀이 업무를 모두 가져가기 위해서는 전담 시수를 줄여야 할 것 같습니다.

C교사: 저는 전담 시수 줄이는 데에 반대합니다. 담임교사들이 부담이 적은 업무 몇 개를 나눠 맡으면 좋겠습니다.

교육과정에 집중하는 학교가 되기 위해서는 교육과정 지원팀을 구성하여 담임교사들이 행정업무를 지원하는 것이 효과적이다. 각 학교는 교사 수급, 수업시수, 교사 개인 사정 등의 다양한 원인으로 매년 교육과정 지원팀 구성에 있어서 어려움을 겪는다. 이때 지원팀 교사의 수업시수를 줄여주는 방법 등 새로운 대안을 제시할 수 있으나 C교사처럼 익숙한 방식을 선택하여 담임이 행정업무를 병행하는 결정을 한다. 이런 결과를 두고 우리는 교사들이 변화를 싫어한다고 해석한다. 그러나 교사들이 모든 변화를 싫어하는 것은 아니다. 교사들이 거부하는 것은 변화 자체가 아니라 변화로 인한 손실이다. 변화가 실질적 또는 잠재적인 손실을 발생시킬 것이 예측될 때 사람들은 현재 상태에 머무르기를 선택한다. 따라서 변화를 위해서는 변화로 인한 손실을 사람들에게 나누어 감당하게 하고 손실로 인한 결과를 파악할 수 있도록 안내해야 한다.

이를 위해서는 학교교육과정을 시스템의 관점에서 이해하고 즉각적인 해결책을 모색하기보다는 구성원들과 합의하는 것이 필요하다. 이 과정에서 구성원들은 문제 상황을 한눈에 볼 수 있도록 자기 자신을 포함한 전반적인 시스템을 관찰하고 학교에 대한 새로운 관점을 가지게 된다. 이는 마치 춤추는 무리에서 벗어나서 발코니에 올라 무도회장 전체를 보는 것과 같다. 춤추는 무리에서 벗어나 보면 우리가 해왔던 행위와 집단 전체의 관행을 조망할 수 있게 된다. 마찬가지로 학교교육과정을 발코니에 서서 바라보게 되면 학교를 이루고 있는 구성요소들이 서로 복잡하게 연결되고 영향을 끼치는 것으로 해석하여 문제의 근본적인 원인을 찾을 수 있게 된다.

학교교육과정을 진단하라,
노스터 모델

무도회장에서 계속 춤을 추고 있으면 춤을 추는 사람은 자신의 주변만 보인다. 모두 춤을 추고 있는지, 어떤 사람들은 떨어져서 이야기를 나누고 있는지, 음악이 시끄러워 춤을 못 추는 사람들이 있는지 발견하기 어렵다. 그러나 무대에서 벗어나 높은 발코니로 올라서서 무도회장을 보면 전체의 모습이 보인다. 마찬가지로 거리를 두고 학교교육과정을 바라보면 우리가 알지 못했던 새로운 관점과 통찰력을 가질 수 있다. 학교교육과정을 한창 실행하며 집중하던 눈앞의 문제들에서 벗어나 보이지 않던 문제를 발견하게 되는 것이다.

우리가 시스템 사고를 갖게 되면 학교에서 일어나고 있는 일을 지속적으로 평가하며 과정 중에 발생하는 오류를 수정할 수 있다. 문제로 인해 발생되는 혼란한 상황에서 벗어나 한쪽으로는 현재 일어나고 있는 일들을 관찰하면서 다른 한쪽으로는 전체적인 패턴과 역학 관계를 파악하게 된다. 이러한 관점은 조직이 가지고 있는 어떤 이슈를 개인의 문제로 치부하거나 교사 간 상충된 관점에 의한 의견 대립을 개인적인 갈등으로 판단하는 오류를 감소시킨다.

그렇다면 학교에서 발생하는 문제에 시스템 사고로 어떻게 접근할 수 있을까? 피터 센게(Peter Senge)는 시스템에서 문제가 나타나는 부분을 발견하고 효과적인 전략지점을 건드림으로써 의미 있는 개선을 이루는 것을 레버리지(leverage)라고 정의한다. 문제 상황이 발생했을 때 작지만 적절한 행동인 레버리지를 찾아서 정확한 위치에 작용하면 문제를 효과적으로 해결할 수 있다.

학교교육과정의 레버리지를 찾으려면 학교에 대한 깊이 있는 진단이 필요하다. 노스터 모델(Knoster Change Model)을 통해 학교교육과정이 제대로 이루어지지 않는 원인을 찾는 데 중요한 시사점을 얻을 수 있다. 노스터 모델에서는 행동 변화를 일으키기 위한 비전, 보상, 동의라는 세 가지 동기 부여 범주와 실행계획, 기술, 자원이라는 세 가지 활성화 범주를 모두 진단할 수 있다.

동기 부여 Motivation			활성화 Activation			결과 OUTCOME	감정 FEELING
비전 VISION	보상 INCENTIVE	동의 AGREEMENT	실행계획 ACTION PLAN	기술 SKILLS	자원 RESOURCES		
💡						=	😄 만족 Satisfied
x	√	√	√	√	√	=	😟 혼란 Confusion
√	x	√	√	√	√	=	😵 저항 Resistance
√	√	x	√	√	√	=	😠 태업 Sabotage
√	√	√	x	√	√	=	😓 피로감 Fatigue
√	√	√	√	x	√	=	😖 불안 Anxiety
√	√	√	√	√	x	=	😞 좌절감 Frustration

출처: Adapted from Knoster, T.(1991). Presentation in TASH Conference.

본질적인 변화가 일어나는 과정은 고통을 수반한다. 변화의 과정에서 고통을 겪는 구성원들의 감정은 현재 시스템에 발생한 문제를 드러내는 전조증상이다. 따라서 변화를 원한다면 변화 과정에서 발생하는 다양한 감정을 인식해야 한다. 노스터 모델은 구성원들의 감정을 근거로 변화를 추진할 때 필요한 요소 중 어떤 요소가 부족한지를 파악할 수 있는 도구이다. 노스터 모델을 통해 여섯 가지 요소 중 하나라도 없을 경우에 학교에 어떤 결과가 나타날지에 대해 살펴보도록 하자.

비전이 없으면 혼란을 경험한다 :

"학교교육과정이 어떤 의미가 있습니까?"

학교교육과정의 비전은 구성원들이 공동으로 품고 있는 그림이다. 비전은 구성원의 행동에 일관성과 응집력을 부여하는 공동체 의식을 만든다. 따라서 학교교육과정에서 공유된 비전이 없으면 구성원들은 학교교육과정의 결과가 어떤 모습인지 알 수 없으며 자신이 학교에 기여해야 하는 이유를 찾지 못한다. 이로 인해 학교교육과정에 의미 있게 참여하는 학년과 형식적인 참여에 그치는 학년의 차이가 발생하기도 한다. 이와 같은 학교의 상황은 구성원들이 각자 생각하는 비전에 맞추어 교육과정을 실행하게 함으로써 혼란스러운 양상을 보이게 만든다. 이 과정에서 구성원들은 왜 이런 활동을 하고 있는지, 자신이 하고 있는 행위가 올바른지 확신을 갖지 못한다.

학교 구성원 모두에게 의미가 있을 때 학교의 변화 가능성은 높아진다. 그것은 분명하게 공유된 비전으로부터 시작할 수 있다. 애매모호한 비전은 변화를 주저하게 만든다. 변화에 성공하기 위해서는 모호한 목표가 아니라 구체적인 비전을 설정하여 구성원들이 확신을 가지고 실행할 수 있도록 해야 한다.

보상이 없으면 저항을 일으킨다 :

"학교교육과정을 왜 해야 합니까?"

학교교육과정을 운영하면서 생기는 문제를 해결하기 위해서는 변화가 필요하다. 변화는 불편함을 유발한다. 변화에 대한 긴장감, 욕구 미충족 등의 피해가 예측되면 구성원들은 저항한다. 구성원들은 본질적인 변화를 이끌 수 없는 형식적인 TF팀 구성을 통해 책임을 떠넘기거나 원인을 외부환경 탓으로 돌리게 된다. 이를 통해 대부분의 변화 시도는 현실적인 타협을 시도하다가 흐지부지된다.

따라서 구성원들이 어려움을 감수하면서도 변화를 이끌어 가기 위해서는 적절한 보상이 필요하다. 보상은 크게 물질적 보상, 사회관계적 보상, 직무 보상으로 분류할 수 있다(Katx & Van Maannen, 1977). 물질적 보상은 승진, 성과급과 같은 외재적 보상을 의미하고 사회관계적 보상은 관리자 또는 동료 교사와 같은 타인에 의한 인정 등을 가리킨다. 직무 보상은 직무 자체에서 얻을 수 있는 내재적 보상으로 직무의 다양성, 성취감, 자아실현, 직무에서의 자율성 등과 같은 보상을 의미한다. 물질적 보상, 사회관계적 보상, 직무 보상 중 어느 하나가 중요한 것이 아니라 세 가지 보상이 적절하게 이루어질 때 학교교육과정이 실행 동력을 갖게 된다.

사람들은 세 가지 보상 중 각자가 원하는 보상 체계에 따라 움직인다. 그동안 학교는 성과급, 근무평정 등을 통한 외적 보상 시스템으로 운영되어 왔다. 그러나 외적 보상 체계는 빠른 시간 내에 효과를 발휘하지만 점점 큰 보상이 주어지지 않으면 구성원들의 참여 동기를 유지하기 어렵다. 따라서 개별 교사가 만족감과 효능감을 느끼고 발휘할 수 있도록 자율성을 확대하는 것이 필요하다. 이를 위해서 관리자나 소수의 리더가 미리 정해진 답을 제시하지 말고 건강한 논의를 통한 민주적 의사결정의 장을 확대해야 한다. 이는 구성원들이 학교교육과정에서 발생하는 문제에 대처하기 위해 각자의 의견을 제시하며 정교하게 논리를 다듬는 과정이며 상호 성장의 기제이기도 하다. 구성원들은 논의에 참여할 때 의견을 자유롭게 수정할 수 있고 자신들의 입장을 유연하게 바꿀 수 있다. 이때 구성원들에게 필요한 것은 학교교육과정의 목적은 무엇인가라는 질문이다. 자율성이 보장되는 깊이 있는 논의 과정에서 교사들은 자신이 왜 학교교육과정을 해야 하는지에 대한 답을 얻고 자신이 조직에 기여하고 있다는 내적 보상을 얻을 수 있다.

동의가 없으면 사보타주(sabotage)를 일으킨다 :
"학교교육과정에 동의합니까?"

학교교육과정은 학교 구성원들의 동의를 구하지 않고서는 실행하기가 어렵다. 구성원들의 합의 없이 진행되는 학교교육과정 운영은 의도적이든 아니든 사보타주에 부딪치게 된다. 사보타주는 겉으로는 일을 하는듯 보이지만 나태하고 비능률적으로 일을 하는 것이다. 이 말은 중세 유럽에서 영주가 농민들에게 그에 상응하는 대가를 주지 않은 것에 반발하여 수확할 작물들을 짓밟아서 못 쓰게 만들었다는 데 기원이 있다. 사보타주가 일어나면 변화를 주도하는 사람들과 이에 따르는 구성원들이 상충된 행동을 하게 되고 이로 인해 조직의 성공을 저해한다. 안타깝게도 학교 안에서의 진정한 합의는 우리가 믿고 있는 것보다 훨씬 적게 일어난다. 이때 필요한 것이 구성원들의 마음을 얻어 변화를 이끄는 합의를 도출하기 위한 충분한 대화이다.

사람마다 갈등을 견딜 수 있는 정도는 다르다. 어떤 사람들은 갈등이 힘들지 않다고 하지만 대부분은 갈등을 피하고 싶어 하고 가능한 빨리 그 상황을 종결하고 싶어 한다. 그러나 구성원의 합의를 위해서는 갈등을 반드시 수면 위로 드러내야 한다. 이를 위해 우선 학교교육과정 내에서 발생하는 문제에 대한 시각과 관점이 다양하다는 것을 인정하는 것이 필요하다. 그리고 서로가 이러한 차이를 고집하는 것이 학교교육과정의 목적을 실현하지 못하게 하는 원인이 될 수 있음을 인식해야 한다. 따라서 개별 구성원들이 가지고 있는 철학과 세계관을 잠시 내려두고 진심으로 공동체가 함께 생각하는 대화(dialogue)를 통한 소통 시스템을 만들어야 한다. 다이얼로그(dialogue)는 'dialogos'라는 그리스어에서 유래했다. 그리스인에게 'dialogos'는 구성원들 사이에서 말을 서로 주고받는 것을 뜻한다. 즉, 대화를 통해 내 안의 것과 내 밖의 것 간에 연결고리가 생기는 셋이다. 이로 인해 공동체는 개별적으로 얻기 힘든 통찰을 얻을 수 있게 된다. 구성원들 간의 대화를 통해 학교 내에서 발생하는 갈등을 극복하고 자기성찰과 공감의 경험을 하게 된다.

협력적인 학교문화를 만들고자 하는 학교는 구성원들의 소통과 배려, 대화와 타협 등을 통한 합의를 거쳐야 한다. 구성원들끼리 갈등이나 문제점이 발생했을 때 공유된 비전을 바탕으로 관계적 자율성을 발휘하여 갈등이나 문제점을 해결할 수 있어야 한다. 이에 전 교직원이 참여하여 깊이 고민하는 숙의를 통해 학교 공동체가 적절히 합의할 수 있는 소통 시스템을 만들어야 한다. 모든 구성원이 동의하는 완벽한 합의는 불가능하다. 교사들은 적정한 합의와 동의를 이끌어내는 과정을 통해 자신의 실천에서 발생하는 어려움을 주체적으로 해결하는 경험을 하게 된다. 이 과정에서 각 교사는 실천의 주체로서 교육적 의견을 드러내고 상대를 설득하며 자신의 견해를 수정하기도 한다. 이때 드러난 상충된 의견과 관점은 큰 맥락에서 학교교육과정을 풍성하게 만드는 기제가 된다. 교육과정에 대한 소통 시스템은 구성원 개인이 미처 생각하지 못한 방안과 교육적 경험을 나누며 서로의 성장과 협력을 가능하게 한다.

구체적 실행계획이 없으면 피로감이 나타난다 :

"학교교육과정을 어떻게 해야 합니까?"

학교교육과정의 구체적인 실행계획은 구성원들에게 자신이 있는 곳에서 원하는 곳 또는 가야 할 곳으로 가는 방법을 보여준다. 명확한 방향성이 있어서 어디로 가고 있는지 이해한다면 구성원들이 피로감을 호소하는 일이 적어진다. 여기서 피로감은 실행계획이 불완전하거나 불분명하다는 신호이다. 명확한 실행계획이 없이 시작함으로써 낭비되는 노력은 학교교육과정을 계속 실행하고자 하는 동기마저 무너뜨릴 수 있다.

지금까지 학교교육과정 실행계획을 위해서 학교는 매년 정보공시, NEIS 시수 및 평가기준안 입력, 학교교육계획서 등을 다양하게 준비해왔다. 그러나 그 어떤 자료도 교육과정 실행을 위한 구체적인 로드맵을 제시하지 못했다. 그렇다 보니 막상 계획과 실행은 따로 노는 결과를 초래했다. 형식적으로 교육계획을 수립한 후 실행은 교사 집단의 체화된 문화를 답습하거나 익숙한 방식을 그대로 사용해왔다. 결국 문서화된 학교교육계획서는 있지만 실제 실행계획은 없이 출발했던 셈이다.

학교교육과정의 구체적 실행계획은 교육과정이 실행되는 1년간의 구체적인 로드맵을 작성함으로써 실현될 수 있다. 로드맵이란 미래 예측 방법의 일종으로서 구체적인 이행 목표를 세운 뒤 목표 달성을 위해 작성된 가이드라인을 말한다. 로드맵에는 무엇을 언제까지 달성하고 중간 목표는 무엇이 있으며 그것을 위한 중요한 과정은 어떤 것이 있고 목표 달성을 위한 방법은 무엇인지를 기술하게 된다.

이를 위해 교육과정 설계 시 교사들은 교육내용과 방법의 유기적 구조를 조직하고 실행을 위한 실천계획을 수립한다. 학교교육계획서는 지난 학년도의 성찰협의회 및 TF팀의 협의회 자료 분석을 바탕으로 교육과정 실행 중의 문제점을 파악하고 이에 대한 구체적 대안을 포함한다. 이러한 대안을 토대로 학교비전, 철학, 학교교육의 운영 중점 등 학교교육의 전체적 방향성에 따른 각 학년의 운영 계획이 수립된다면 전체적인 학교와 학년의 구체적인 실행계획을 수립할 수 있다. 맥락을 고려한 구체적인 설계 방식 중 하나가 백워드를 활용한 학교교육계획이라고 할 수 있다.

　백워드 설계를 활용한 학교교육과정은 빅아이디어로 유의미한 연결을 시킴으로써 구체적인 실행계획과 맥락이 있는 로드맵을 만들 수 있다. 구성원들은 빅아이디어를 설정함으로써 학교의 특성, 학생과 학부모의 요구, 교사의 역량 등이 포함된 목표를 공유하며 같은 시선을 가질 수 있다. 이를 바탕으로 목표를 설정하고 그에 맞는 평가와 수업활동 계획을 세움으로써 일관성을 가질 수 있다. 이와 같이 구체적이고 맥락이 있는 실행계획은 교사들에게 학교교육과정을 어떻게 해야 하는지 안내하는 역할을 함으로써 교사들의 피로감을 예방할 수 있다.

기술이 없으면 불안이 나타난다 :
"학교교육과정에서 모두가 성공할 수 있는 기술을 가지고 있습니까?"

　운전자에게는 운전에 대한 지식과 기술이 필요하다. 운전이 미숙한 운전자는 사고를 걱정하며 도로 위에서 우왕좌왕하기 일쑤다. 이와 마찬가지로 학교교육과정을 운영하는 데 있어서도 필요한 기술이 있다. 학교교육과정에 필요한 기술은 학생들이 교육과정에 더 잘 참여할 수 있도록 독려하거나 교사가 교육과정을 실행할 때 활용할 수 있는 다양한 전략들이 포함된다. 만약 교육과정의 절차적인 지식과 전략이 부족하다면 구성원들은 학교교육과정을 운영하는 동안 안전한 매뉴얼에만 의존하게 된다. 그러나 학교에 주어진 교육과정 자율성은 안전한 매뉴얼만으로는 충분히 발휘될 수 없다. 학교의 상황과 맥락은 다양하므로 그에 맞는 학교교육과정은 매뉴얼이 아니라 구성원들의 상황과 맥락에 대한 이해로부터 시작된다. 학교 상황과 맥락을 이해하기 위해서는 일정한 수준 이상의 기술과 역량 확보를 위한 학습이 필요하다.

　학교교육과정은 학교의 비전을 공유하며 그 비전에 따라 교육과정에 참여하는 자발적인 노력과 공동체 전체의 역량이 중요하다. 이에 학교교육과정에서 필요한 기술은 학교 공동체 모두에게 필요한 무엇이며 모두가 함께 성장시켜야 할 역량이라고 할 수 있다. 이러한 관점에서 학교교육과정의 성공적 실행을 위한 기술로 교육과정을 해석하고 활용할 수 있는 역량인 교사의 교육과정 문해력, 교육과정 운영 전반을 이끌고 참여를 높일 수 있는 교장의 리더십, 구성원 전체의 토론과 숙의를 위한 대화 역량 등이 강화되어야 한다. 각각의 역량은 학교교육 과정 운영을 위해 구성원 전체의 기술을 향상시키고 상호작용을 촉진하는 밑거름이 되며 이는 학교의 교육력 강화로 이어진다.

첫째, 교사들은 교육과정 문서를 비판적으로 읽고 해석할 수 있는 교육과정 문해력을 갖추어야 한다. 교사는 학생과 학교의 맥락을 고려하여 전문성을 발휘하며 교육과정을 재구성한다. 또한 교육과정 재구성을 넘어 학생들의 가능성과 성장을 촉진할 수 있도록 교육과정을 개발하고 실행한다. 이를 위해 교사가 차시별 학습활동, 교육과정 자료, 성취기준 등에서 교육과정 가능성을 확장할 수 있도록 교사들의 역량 강화가 필요하다.

둘째, 교장은 리더십을 구성원과 공유하며 그들의 학습과 성장을 돕는 리더십을 발휘해야 한다. 교직원 모두가 의사결정에 참여하여 함께 배우고 성장하는 학교를 만들기 위해서는 무엇보다도 교장 자신의 권한을 나누어야 한다. 이처럼 리더로서의 전문성을 발휘하며 성공적인 학교를 이끄는 교장의 리더십은 분산적 리더십, 지원적 리더십, 변혁적 리더십 등의 특징을 띤다.

셋째, 학교에서의 의사소통은 구성원들이 서로의 생각을 파악할 수 있는 가장 기본적인 수단이며 목표를 달성할 수 있는 토대가 된다. 의사소통 방식은 대인관계에서 서로의 의사를 수용하고 해석함으로써 행동에 영향을 미치고 조직에 체계적인 변화를 가져온다. 이러한 의사소통 기술은 교사들의 관계를 신뢰로 연결하여 학교의 성장에 긍정적인 영향을 미친다.

이상 세 가지 역량은 공고한 관료주의 또는 개인주의 학교 구조와 문화 속에서는 발현되기 어렵다. 학교공동체 모두가 참여하는 전문적학습공동체는 구성원들의 협력과 사회적 과정을 통해서 전문성을 개발하는 데 효과적이다. 학교교육과정은 실천적이고 상황 의존적이다. 따라서 구성원들은 전문적학습공동체에 주도적으로 참여하며 각 학교의 특성에 맞는 전문성을 개발할 수 있다. 이 과정에서 관리자는 구성원들에게 물리적인 여건과 학습을 위한 맥락을 제공하고 교사들 사이의 지속적인 상호작용을 가능케 하는 구조를 마련한다. 이를 통해 구성원들은 학교교육과정 운영을 위한 기술과 역량을 강화할 수 있는 기회를 얻음으로써 기술 부족에서 오는 불안을 해소할 수 있게 된다.

자원이 없으면 좌절감이 나타난다 :

"학교교육과정을 운영하는 데 필요한 것이 있습니까?"

학교의 자원은 물적 자원, 재정적 자원, 인적 자원 등으로 구성된다. 물적 자원은 물품과 다양한 학교시설, 재정적 자원은 학교와 학년 교육과정을 운영하는 데 필요한 예산을 가리킨다. 인적 자원은 조직에 포함된 사람들을 말한다. 학교의 인적 자원은 교사뿐만 아니라 복지사, 상담사 등 지원인력을 모두 포함하며 최근에는 학부모와 지역사회까지 확대되고 있다. 자원이 부족하였을 때 학교는 학교교육과정을 계획대로 실행하기 어렵고 구성원들의 더 많은 노력이 필요하다.

학교교육과정 실행을 위해 세워진 계획과 달리 구성원들의 노력이 좌절되는 경험은 교육과정에 대한 참여와 조직의 변화를 저해한다. 따라서 학교교육과정을 운영할 때 필요한 자원이 무엇이고 학교가 그것을 어떻게 마련할 수 있을지에 대한 방안을 모색해야 한다.

첫째, 학교의 물적 자원은 건물, 기관, 시설, 지역의 지리적 환경, 자연환경 등을 포함한다. 다양한 학교의 물적 자원 중 최근 교육과정 운영의 효과성을 높이기 위한 한 측면으로 공간 개선이 있다. 사회가 변화하고 교육프로그램이 나행해졌음에도 불구하고 학교 공간은 여전히 같은 크기와 모양의 획일적 구조로만 구축되어 왔다. 교실 공간, 학교 내 운동장, 야외 공간, 로비, 복도 및 계단, 특별실, 도서실 등은 수업 활동의 다양화, 방과 후의 활용 등 여러 형태의 학습 활동에 대응하기 위해 재구조화가 필요하다. 따라서 새로운 교육환경을 제공하고 학생의 삶과 밀접한 학교교육과정을 운영하기 위해서는 학교의 물적 자원에 대해 다양하고 유연한 접근이 필요하다.

둘째, 학교 예산은 현장에서 교육과정을 직접 담당하는 학교 구성원들의 요구를 충실히 반영할 수 있어야 한다. 왜냐하면 예산이 교육의 질과 규모를 결정하는 주된 요인이 되기 때문이다. 이러한 면에서 교육과정을 정상적으로 운영하는 데 필요한 예산을 우선적으로 고려한다. 이를 위해 업무 사업별 예산 중심에서 교육과정 운영 중심으로의 예산 체계 변화가 필요하다. 학교교육과정을 운영하는 학년에 예산 편성과 집행 권한을 강화해야 한다. 예산 운영에 대한 권한을 학년에 이양하여 자율적으로 의사결정을 하게 함으로써 교육과정 운영의 효율성과 책무성을 증진 시킬 수 있다. 이 과정에서 구성원들이 예산 편성에 관심을 가지고 적극적으로 논의에 참여할 수 있도록 모든 학년이 참여하는 공개된 예산 위원회를 운영한다.

셋째, 인적 자원은 모든 자원의 기본적인 요소이며 살아있는 자원으로서 그 잠재력이 무한하다. 특히 학교 조직은 높은 전문성이 요구되며 사회적 기여, 실천적 기술을 지닌 인적 자원이 모인 집단이다. 그러나 교사 자신이 가진 잠재력을 독단적으로 발휘하기는 어렵다. 인적 자원의 개발을 위해 중요한 것은 협력과 네트워킹이다. 문제해결을 위한 협력은 학교의 인적 자원 모두를 성장시키며 협력을 바탕으로 한 네트워킹은 모두가 성공할 수 있는 시스템을 만드는 기틀이 된다.

학교 운영의 결과는 보유한 자원의 효과적 활용 정도에 의해 결정된다. 인적 자원은 학교가 지향하는 목표를 달성하는 데 가장 핵심적인 요인이 된다. 물적, 재정적 자원을 어떻게 활용하는가는 그 자원을 조직하고 관리하는 구성원들의 역량에 달려있기 때문이다. 따라서 인적 자원으로서의 학교 구성원들이 상호 간의 유대감 형성을 바탕으로 학교의 자원을 체계적으로 활용해야 한다.

학교교육과정의 변화를 원한다면
구조를 만들어라

학교의 구성원들이 노스터 모델을 기반으로 학교교육과정을 진단하면 우리 학교의 문제가 무엇인지 어느 정도 파악할 수 있다. 이러한 진단 과정을 거치고 나면 변화의 타이밍을 알아차리게 된다. 그러나 변화의 타이밍에서 우리는 문제의 본질에 접근하기보다 쉬운 해결책을 찾아왔다. 특히 학교처럼 복잡하고 다양한 문제를 가진 조직의 경우 구성원들은 문제의 핵심을 파악하기보다 회피해 왔다. 그 이유는 한번 건드리면 일이 커질 것 같아 일을 최대한 미루거나 개인의 문제로 환원 또는 손쉬운 미봉책으로 해결해왔던 경험이 쌓였기 때문이다. 그러나 회피하면 근본적인 문제가 해결되지 않아서 차후에는 도저히 해결할 수 없는 지경에 이른다.

진정한 변화를 원한다면 구성원들의 새롭고 지속가능한 행동이 가능한 구조가 필요하다. 아무리 복잡한 문제라도 작은 구성요소로 나누어 보면 문제가 어떤 구조로 이루어져 있는지 파악할 수 있게 된다. 이렇게 문제의 구조를 시각화한 것이 바로 인과지도이다.

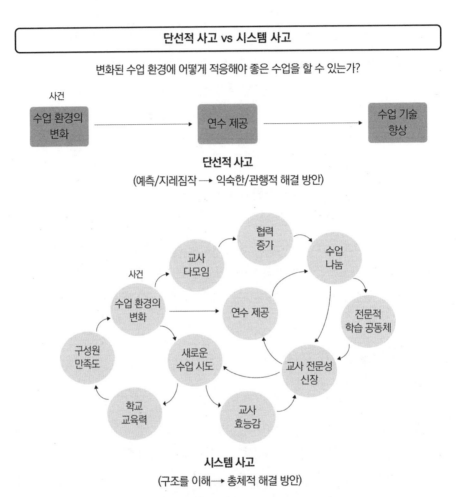

예를 들어 많은 학교에서 변화된 수업환경 등 다양한 원인에 의해 기술 부족의 문제가 발생한다. 이때 일반적으로 문제의 원인과 결과를 단선적으로 접근하여 해결한다. 그래서 교직원 연수를 통해 기술 향상을 도모하는 방식을 주로 사용한다. 단편적인 연수는 예측과는 달리 교사들의 수업 역량 강화 또는 기술 부족의 문제를 해결할 수 없다. 단선적인 사고에서 벗어나 상호작용의 전체 구조를 이해하는 시스템 사고를 해야 한다. 연수를 통해 수업 기술 향상을 꾀하는 관행적 접근에서 벗어나 수업 나눔이나 전문적학습공동체의 운영까지도 고려하는 통합적 접근이 필요하다.

이처럼 인과지도를 그려보면 전체적인 시스템 중 어느 지점이 결정적인 고리인지를 찾을 수 있게 된다. 결정적인 고리, 즉 레버리지에 집중하여 문제를 해결할 수 있는 방안을 모색한다. 그다음 작은 규모로 시도하고 그 결과를 평가하여 개선안을 마련한다. 이를 통해 결정된 개선안은 같은 일을 반복하거나 구성원들이 과도하게 노력해야 하는 비효율성을 감소시킨다. 구성원들은 적은 노력과 시간으로 문제가 해결될 수 있음을 인식하게 된다. 이후 이와 같은 일련의 과정을 학교 시스템으로 구축할 수 있다. 시스템을 구축하게 되면 같은 문제가 발생되었을 때 해결 과정의 단계가 축소된다. 이와 같이 인과지도를 그리고 문제의 결정적인 고리를 찾아 그 결정 고리에 집중하는 방식은 시스템의 자연스러운 부분이 되어 시스템 전체에 대한 피드백 양식과 시스템 자체가 개선될 수 있는 촉매가 된다. 이처럼 인과지도를 그려서 복합적인 인과관계를 발견하기 위한 핵심 요소는 구성원들의 적극적인 탐구 자세와 다양한 원인을 탐색해 보는 숙의의 과정이다.

숙의의 과정 속에서도 레버리지를 찾는 것이 쉽지 않기 때문에 숨겨져 있는 인과관계를 보는 눈이 필요하다. 보고 싶은 것만 보는 왜곡된 눈을 가지고는 진정한 인과관계를 발견하기 어렵다. 그래서 복잡한 문제가 발생했을 때는 전체적인 구조를 면밀히 분석하여 문제가 일어나는 패턴과 경향을 살펴볼 필요가 있다. 이를 위해서는 학교의 현재 상태에 관한 구성원들의 구체적인 논의가 필요하다.

학교는 과거에 존재했던 변화에 대한 압력과 문제에 성공적으로 대응해왔다. 시행착오를 거치면서 학교는 고유의 문화와 규범을 구축했다. 과거의 이러한 노력이 오늘의 학교시스템을 완성한 것이다. 이를 통해 학교가 변화에 훌륭하게 적응해왔다는 사실을 인정하면서 시스템이 관행이 될 수 있음 또한 인식해야 한다. 관행으로 인해 발생한 문제를 해결하고 시스템을 재설계하려면 기존의 구조를 먼저 이해하고 그것의 영향력을 충분히 고려해야 한다. 이를 위해 문제를 지속시키는 구성원들의 철학이나 가치관, 깊은 내면과 함께 집단규범, 회의 규칙

등을 폭넓게 들여다보는 것이 중요하다.

학교교육과정을 진단한 후에 문제를 발견하고 해결하여 원하는 구조를 만들었다고 해서 완벽한 시스템이 구축되는 것은 아니다. 학교교육과정의 변화는 구성원들의 폭넓은 참여와 다양한 실험과 시도를 통해서 변화에 적응할 때 가능하다. 변화는 문제가 충분히 무르익었을 때 시작될 수 있다. 구성원들은 문제에 유연하게 대처할 준비가 충분해졌을 때 문제해결에 적극적으로 참여하게 된다.

이 과정에서 학교의 리더는 구성원들을 기다릴 수 있어야 한다. 시스템의 변화는 스냅사진 같은 단편보다는 긴 변화의 과정이다. 구성원들은 시스템 변화 과정 중에 생긴 문제에 대해서 그들 스스로 해결하기보다 시스템 변화를 제안한 리더에게 의존하게 된다. 이때 리더는 말하기를 멈추고 구성원들의 이야기와 아이디어를 기다려야 한다.

시스템의 변화는 구성원들의 희망과 두려움을 내포한다. 학교에서 발생하는 문제는 그것을 인식하더라도 시스템을 개선하는 것까지 나아가기 어렵다. 단순히 문제를 아는 것과 문제를 해결하는 것은 다르기 때문이다. 앎은 삶을 변화시키지 못하지만 시스템의 변화는 구성원들의 삶을 흔들 수 있다. 따라서 구성원들은 변화에 강력하게 저항할 수도 있고 침묵할 수도 있다. 저항과 침묵 모두 구성원들의 의사 표시이다. 기존 학교교육과정 운영방식을 새롭게 변화시키려면 구성원들의 저항과 침묵을 알아차리고 이들의 의견을 들어야 한다. 학교교육과정 중심의 시스템은 교육과정 설계, 운영, 평가까지 교사들의 전문성과 노력을 바탕으로 이루어진다. 결국 교사들에게 있어 교육과정 운영 시스템의 변화는 자신의 전문성과 노력을 더 강화하거나 변화시켜야 함을 의미한다. 이는 이론적으로 아는 것과는 다른 실재를 변화시키는 것이다. 실재는 실행계획을 구성한다고해서 이루어지는 것이 아니라 실행 중 결과가 드러나는 실천의 영역이다. 이에 교사들은 결과를 확인하지 못한 채 실천해야 하는 불안한 상황에 직면하게 된다. 이것이 교사들이 시스템 변화의 주체가 되어야 하는 이유이다.

시스템은 변화를 위한 도구이다. 변화는 지금까지 당연시했던 그래서 감추어져 왔던 관점을 드러내어 반성하고 나아가 실천적으로 행동하는 것이다. 교사의 자율성이 확보되지 못하면 변화는 불가능하다. 자유의 반대 개념은 자유가 없는 것이 아니라 관성에 따라 움직이는 것이다. 관성을 깨고 새로운 시스템을 도입함으로 인해 발생하는 심리적 어려움과 예측 불가능한 상황도 교사들의 몫이고 시스템 변화로 인한 효율성에 따른 혜택도 교사들에게 돌아간다. 따라서 교사들의 의견을 반영하고 실행과정에서 겪게 되는 어려움을 해결할 수 있도록 꾸준히 지원해야 한다.

IV

학교교육과정을 하다

IV

학교교육과정을
하다

학교교육과정은 변화를 이끈다

학교교육과정은 구성원이 주체가 되어 설계, 운영, 평가까지 참여하는 단위학교의 교육과정을 의미한다. 즉, 단위학교의 소재 지역과 학생의 특성을 반영하여 학생들의 배움을 촉진하는 전반적인 교육활동이다. 교육과정의 주체를 단위 학교의 구성원으로 확대함에 따라 문서로서 존재하는 교육과정에서 벗어나 실제 현장의 변화를 이끌게 된다.

학교교육과정에 참여하는 교사는 교육과정에 대한 인식과 자율성을 회복하고 자신이 속한 학교와 접촉하며 자신의 행위와 선택에 대한 알아차림이 일어난다. 자신과 환경을 알아차린 교사는 개별 존재의 내러티브로 학교교육과정을 풍성하게 만들어간다. 그 안에서 교사는 삶의 의미를 발견하고 추구한다. 이는 만남의 과정이다. 학교 구성원이 만나는 집단에는 힘과 역동이 존재한다. 학교교육과정은 구성원 간의 역동을 읽고 다루며 갈등 너머 협력을 선택하고 실행할 동력을 얻는다.

학교교육과정은 학교문화와 시스템의 변화를 촉진한다. 문화는 인간 발달의 토양이며 다양성이 교차하는 경계다. 학교교육과정은 구성원의 다양성을 교육과정 중심의 문화로 꽃피운다. 교육과정 중심의 문화가 바탕이 된 학교교육과정은 유기적인 시스템의 상호작용을 통해 실재감을 갖는다. 이를 조망하는 시스템 사고를 통해 교사는 적합한 진단과 처방으로 목적에 부합하는 학교교육과정의 맥락을 연결할 수 있다.

학교교육과정은 교육과정의 주체를 변화시킨다. 우리나라는 국가교육과정이 교육내용과 방법, 교육과정 정책 결정 등에 대한 강력한 권한을 가지고 있다. 학교교육과정은 이러한 교육과정 운영 체제의 권한 위임과 분배의 측면에서 교육과정의 주체를 학교로 이양한다. 국가교육과정과 지역교육과정의 하위 구조로 인식되었던 학교교육과정이 이를 포괄하며 구현하는 장이 되는 것이다.

더불어 학교교육과정은 학생의 삶을 중심으로 하는 교육과정을 가능하게 한다. 교사는 학생의 실제 삶이 유의미한 교육적 경험이 되도록 이끈다. 체계적인 학교교육과정은 학생의 삶에 전이되는 진정한 배움을 촉진한다.

학교교육과정의 프로세스를 밝히다

학교교육과정은 복잡한 실제에 기반하기 때문에 완전한 예측과 계획에 따라 실행되기 어렵다. 이에 학교교육과정의 개발을 시도하는 학교 혹은 교사들은 막상 교육과정 개발의 단계에 들어서면 구체적인 절차나 방법보다는 주먹구구식으로 대처하기도 한다. 그러나 우리의 일상적인 교육적 행위들은 절차나 구조 없이 이루어지는 것이 아니다. 그 안에 담겨있는 교육적 활동들은 의미와 맥락에 맞게 연결되어 있다.

'학교교육과정 프로세스'는 학교에서 교육과정을 운영하는 체계적인 절차와 방법의 순환 과정으로 문제발견, 계획, 실행, 성찰의 과정을 거쳐 이루어진다. 이는 일련의 단계나 절차뿐 아니라 과정 속 주체, 방법, 활동 간의 역동적인 상호작용을 포함한다. 학교교육과정 프로세스는 통합적인 시퀀스와 맥락 있는 스코프를 어떻게 설정하는가 등에 대해서 충분한 형식과 체계를 갖출 수 있도록 돕는다.

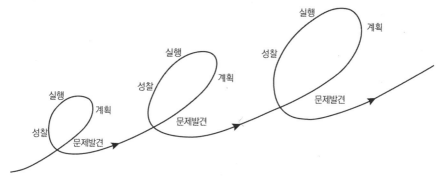

〈순환 구조를 갖는 학교교육과정 프로세스〉

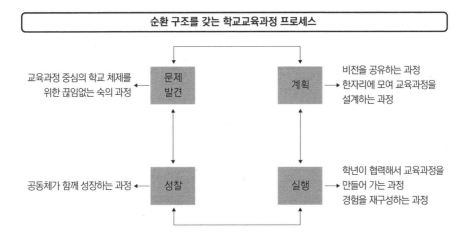

학교교육과정 프로세스의 전체적인 형태는 단선형의 순차적 나열이 아니다. 그 형태는 양방향 순환적 인과관계가 고려된 나선형의 상호 촉진 구조이다.

학교교육과정 프로세스의 각 과정은 독립적으로 존재하는 것이 아니라 상호 작용하며 영향을 주고받는 과정에서 흘러간다. '문제발견'에서는 교육과정 중심의 학교 체제를 위한 끊임없는 숙의의 과정을 통해 적정한 합의를 이룬다. '계획'은 전 교직원이 함께 비전을 공유하고 모든 학년이 한자리에 모여 교육과정을 설계하는 과정이다. '실행'은 학년이 협력해서 교육과정을 만들어가며 경험을 재구성하는 과정이다. '성찰'은 공동체가 함께 지나온 교육과정에 대한 의미를 탐색함으로써 성장하는 과정이다. 프로세스의 전 과정은 교육주체의 판단과 상황을 유보하게 만드는 매뉴얼화가 아니라 구성원들의 개성과 창의성을 반영한다. 따라서 학교교육과정 프로세스는 학교의 맥락과 구성원들의 특성을 고려하여 교사들의 전문적 판단에 따라 유연하게 변화할 수 있다.

학교교육과정은 교육과정의 목표, 내용, 방법, 평가 등에 있어 학교 현장을 중심으로 누가, 어떻게, 얼마만큼의 시간을 두어야 하는지를 구체적으로 다루는 것이다. 이에 학생의 삶을 담은 학교교육과정 실행을 위한 '학교교육과정 프로세스'는 살아있는 복합적인 구조를 반영하고 있다. 또한 학교교육과정의 실행이 어떤 모습으로 나가야 하는지를 보여주고자 한다.

1 문제발견: 새로운 길을 발견하다

학교교육과정 프로세스			
문제발견 →	계획 →	실행 →	성찰

우리나라는 국가교육과정의 규정력이 강한 중앙집권적 교육과정의 틀을 가지고 있다. 그러나 이렇게 강력한 국가교육과정이 학교 현장의 교육과정을 바꾸지 못하는 것 또한 역설적인 현상이다. 강력한 국가교육과정이 학교와 교실 속 교육과정에 크게 영향을 미치지 못하는 것은 교육현장에서 이루어지는 교육과정에 대한 해석의 폭이 넓고 실천의 재량권 역시 크기 때문이다. 따라서 학교교육과정이 제대로 실행되기 위해서는 학교의 문제를 되돌아보고 해결해야 한다. 이제까지 우리는 학교교육과정의 문제를 발견하는 일을 간과해 왔다. 매년 성찰협의회를 통해 1년간의 교육과정 운영에 관한 반성과 협의를 거쳐 왔으나 실질적으로 문제를 규정하고 그에 따른 해결책을 논의하는 과정은 형식적으로 운영되었다. 그러다 보니 전년도 교육과정을 운영하며 발견된 문제들이 다음 해에도 되풀이되어 왔다.

문제란 문제가 되는 사건 자체가 아니라 지속해오던 일이 무언가로부터 방해를 받아 문제로 드러나는 것이다. 학교교육과정 프로세스에서 문제가 생긴다는 것은 어떤 이유로 인해 특정 시점에서 선순환을 하지 못하게 되는 것이다. 다시 말해 학교교육과정의 프로세스를 진행할 수 있는 힘이 부족했거나 운영상에 균형이 무너진 어떤 지점이 생겼음을 의미한다. 이러한 문제는 원인을 파악하여 해결해야 교육과정 프로세스가 원활하게 진행된다. 그러나 일반적으로 학교에서는 문제를 방해하는 원인과 지점을 찾기보다 문제 자체를 외면하는 경우가 있다. 이와 같이 구성원들이 회피하고 싶어 하는 공동체의 문제를 '방 안의 코끼리'라고 한다. 좁은 방 안으로 코끼리가 들어와 있다면 이 코끼리의 존재를 모를 수가 없음에도 너무 크고 무거워 어찌지 못하는 상황을 방 안의 코끼리 현상이라고 말한다. 학교교육과정에도 방 안의 코끼리 현상이 있다. 구성원 모두가 알고 있지만 그 문제를 해결하기 쉽지 않다는 것을 알기에 아무도 언급하지 않는 것이다. 이렇게 구성원들이 회피하려고 하는 이유는 문제해결 과정이 자신에게 피해가 되거나 그 해결 결과를 확신할 수 없기 때문이다.

모두가 알고 있는 이 문제를 드러내지 않고 대안을 모색하지 않은 채 계획하고 실행하는 학교교육과정은 모래 위에 성을 쌓는 것과 같다. 학교교육과정을 시작할 때는 학교가 가지고 있는 본질적인 문제에 대한 공동체의 논의가 필요하다. 학교교육과정에서의 문제발견은 우리 학교가 가지고 있던 본질적인 문제를 회피하지 않고 공동체가 모두 논의에 참여하여 해결하는 과정이다. 즉, 지금까지의 관행에 대한 점검이자 공동체 구성원들에게 익숙한 문화에 대한 낯설게 보기라고 할 수 있다.

문제를 발견하는 과정은 구성원들에게 불편함과 불안을 느끼게 한다. 구성원들은 공동체의 문제를 드러내는 것에 대한 두려움과 낯섦을 함께 경험하기 때문이다. 학교교육과정을 운영하며 겉으로 보기에 꽤 괜찮았던 활동, 관여하고 싶지 않은 구성원들의 관계, 최선이라 믿었던 생활교육의 문제들이 정말 그러했는지를 공동체가 다시 묻고 함께 고민하는 것이다. 이러한 과정을 통해 구성원들은 작년보다 더 복잡한 문제에 직면하고 어려움을 겪으며 한 해를 보낼 수도 있다. 그러나 이 문제발견을 통해 우리는 성장으로 향하는 새로운 길에 들어설 수 있다.

문제발견의 시작, 문제를 명확하게 드러내기

학교에서 발생하는 문제는 논리적으로 복잡해서 해결하지 못하는 것이 아니라 심리적·사회적 요소들이 복합적으로 얽혀있어 해결이 어려운 것이다. 따라서 이 문제들이 지닌 심리적인 측면을 고려하지 않거나 문제가 발생한 정치적이고 사회적인 맥락을 배제한 채 논리적으로만 접근하려고 하면 실제 문제발견의 실행으로 이어지지 못한다. 문제를 명확하게 드러내기 위해서는 문제의 기술적 복잡성에 대한 이해보다 사람들의 가치, 믿음, 신념이 그 문제와 복잡하게 얽혀 있다는 것을 이해할 필요가 있다. 그러면 왜 사람들이 문제 앞에서 냉정해지지 못하고 불편감을 드러내는지 이해할 수 있게 된다. 불편한 감정이 지속되면 구성원들은 '이것은 누구누구의 문제다', '이것은 꼭 지금 다뤄야 할 문제가 아니다', '이것은 우리가 해결할 수 있는 문제가 아니다' 등의 대응을 통해 문제에 대한 직면을 피하려고 한다.

실제 문제를 다루지 않고 문제를 개인 간의 갈등이라는 프레임으로 전환한다든가 조직의 관행을 존중하라는 압력, 문제를 제기하는 사람을 따돌리거나 외부의 적을 만들어 그들의 탓으로 돌리는 책임 회피 현상 등이 벌어지게 되면 문제를 드러내어 깊이 다루는 게 쉽지 않다. 이러한 회피 현상을 막고 문제를 드러내기 위해서는 우선 회피가 일어나는 메커니즘을 파악해야 한다. 토론의 어떤 지점에서 회피가 일어나는지, 어떤 유형의 회피가 일어나는지, 주의를 분산시키도록 만드는 사람이 누구이며 어떤 욕구를 가지고 있는지, 주의를 집중시키도록 격려하는 사람이 있는지를 파악해야 한다. 이와 같은 조직의 역학 관계를 이해하고 참가자들이 느낄 수 있는 부정적 감정을 다루면서 토론을 준비하면 구성원들은 이전과는 다른 대화 경험을 할 수 있게 된다.

어떻게 문제를 발견할 것인가?

문제발견 과정에서 문제의 핵심인 갈등을 제대로 다루지 못하고 논점 없이 토론을 마치는 경우가 있다. 보통 이야기하기 어려운 문제를 언급하면 학교의 구성원들은 긴장감이 높아지고 갈등이 커져서 견디기 힘들기 때문에 회피하는 것이다. 그러나 구성원들이 말하기 어려운 문제들을 꺼내어 나누어야만 공동체가 성장할 수 있다. 학교는 매년 외부 환경과 구성원들의 변동이 있기 때문에 문제발견 과정을 통해 학교의 본질적 문제를 다루어야만 진정한 변화가 가능하다.

학교교육과정에 반영할 의견 선택하기

우리가 알고 있지만 회피하려 했던 문제를 어떻게 해야 논의의 장으로 가져올 수 있을까? 먼저 학교는 해결하고자 하는 문제의 우선순위를 결정해야 한다. 전년도 학교교육과정을 운영하면서 나온 다양한 문제를 분석하여 차기년도 학교교육과정 계획에 반영할 내용을 우선순위에 따라 선택하고 집중하는 과정이 반드시 필요하다.

선택과 집중을 위해서 먼저 해야 할 것이 선택이다. 학교교육과정을 운영하다 보면 매년 산적한 문제를 발견하게 된다. 그 문제들을 한꺼번에 해결할 수 있는 시간과 여력은 언제나 부족하다. 따라서 구성원들이 함께 문제가 무엇인지 솔직하게 드러내고 그 문제 중 우리 학교의 실정과 구성원들의 요구를 반영하여 우선순위를 정해야 한다. 이때 필요한 것이 토론과 숙의 과정을 통한 진정한 합의이다. 학교 구성원들은 드러난 문제에 대하여 각기 자신만의 프레임으로 해석하고 해결하려고 한다. 문제해결에 대한 구성원의 의견이 완벽하게 일치하기란 거의 불가능하다. 따라서 전년도 학교교육과정을 운영하면서 해결해야 할 문제 중 몇 가지를 선택함으로써 해결 가능한 문제에 집중해야 한다.

스티브 잡스(Steve Jobs)는 '집중은 단 하나를 제외한 모든 아이디어에 '아니오'라고 말할 수 있는 것'이라고 했다. 구성원들이 함께 모여 무엇을 할 것인가를 논의하는 것도 필요하지만 지금할 수 없는 것이 무엇인가를 선택하여 제외함으로써 집중할 수 있는 문제를 발견할 수 있다. 이때 신경 써야 할 것이 소수의 의견이다. 이를 위해 구성원들은 소수의 의견을 보호하기 위한 구체적인 방법을 알아야 한다. 먼저 반대 의견도 자유롭게 이야기할 수 있는 분위기와 기회를 만든다. 협의회나 워크숍 등에서 반대 의견이나 다소 엉뚱한 생각도 이야기가 가능한 자유로운 회의 구조로 개선한다. 이를 위해 모든 구성원이 개방된 자리에서 이야기하는 것과 더불어 익명으로 의견을 제출하게 하는 자리를 마련할 수 있다. 의견을 익명으로 제출하는 방법은 소수의 의견을 가진 구성원들이 꺼내기 어려운 문제들을 제시할 수 있게 만든다.

학교교육과정은 크고 복잡하기 때문에 소수의 구성원이 가진 목소리와 주변의 사소한 일을 고려하지 못할 수 있다. 따라서 선택 및 집중과 함께 우리가 고려해야 할 것이 활용과 탐색이다. 우리 학교가 가진 역량과 자원이 무엇인지 살펴보고 이를 효율적으로 활용하는 방안에 대한 고민이 필요하다. 이와 함께 우리 학교에는 없지만 새롭게 필요한 역량과 자원을 적극적으로 찾아 도입하려는 탐색이 필요하다. 따라서 문제발견에서 중요한 역할을 하는 구성원은 창의적인 아이디어를 내는 구성원과 전입해 온 구성원들이다. 이러한 탐색을 위해 공동의 일에 모두가 참여할 수 있는 시스템을 마련해야 한다.

저경력 교사, 전입해 온 교사, 복지사, 상담사 등의 교직원, 행정실과 교무행정 실무사 등 학교의 모든 구성원의 의견을 듣고 그들이 생각하는 문제가 무엇인지를 알아야 한다. 문제를 발견하는 것만으로 문제해결의 실마리를 찾을 수 있을 때가 있다. 교사들만으로는 해결하지 못하는 문제를 상담사, 행정실무사 등 다른 구성원들과 함께 협력하면 쉽게 풀리기도 한다. 모든 구성원의 이야기를 반영하기 어렵다고 생각할 수도 있지만 모두가 이야기함으로써 구성원들 간에 공감과 이러한 과정은 구성원들이 학교의 주체로서 참여하는 기회를 주는 것이며 문제해결 과정에서 생길 수 있는 오해를 줄이는 방안이기도 하다. 논의 과정에서 의견을 제안한 구성원이 자신의 이야기가 왜 수렴되지 못했는지, 언제 해결 가능한지, 다른 대안이 있는지를 탐색할 수 있기 때문이다. 이를 통해 자신의 의견이 무시된 것이 아님을 알 수 있고 의견을 개진함으로써 학교교육과정 운영에 기여하고 있음을 알게 된다.

일반적으로 해결하기 어려운 문제에 대응하는 가장 쉬운 방식은 아무것도 하지 않는 것이다. 하지만 드러난 문제를 해결하지 않고 내버려 두면 학교는 어떠한 변화도 이루어낼 수 없다. 모두가 참여할 수 있는 시스템을 만들어 문제를 회피하지 않고 갈등을 드러내어 공동체 스스로 해결해 보는 경험이 중요하다. 이렇게 구성원들이 복잡한 문제에 집중하면 평소에 생각하지 못한 좋은 아이디어가 떠오르기도 하고 동료 간의 협력을 통해 문제를 해결할 수 있다.

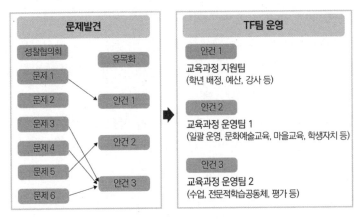

〈교육과정 운영 TF팀 구성 방법〉

학교교육과정의 문제발견을 위해서 가장 먼저 해야 할 일은 전년도에 운영했던 교육과정 실행을 짐검하는 일입니다. 이를 기초로 구성원들은 복잡한 상호작용을 통해 교육과정에 반영할 의견을 선택합니다. 전년도 학교교육과정을 운영하며 발견한 다양한 문제들의 목록이 정해졌다면 이 목록들을 계속 유지할지, 버려야 할지를 구분합니다. 그리고 차기년에도 계속 유지하고자 하는 문제들을 비슷한 영역끼리 유목화하여 안건을 도출합니다. 그리고 학교의 구성원들은 관심 있는 주제의 TF팀에 참여합니다. 이때 학년별로 교육과정을 운영한 내용이 다르기 때문에 각 학년의 구성원들이 세 가지 안건의 TF팀에 적절히 나뉘어 참여하는 것이 좋습니다.

TF팀 협의회는 각 학년에서 운영한 것 중 잘 되었다고 생각하는 것을 먼저 공유합니다. 잘되었다고 생각한 것을 먼저 공유하는 것은 다른 학년에서 잘 안되었다고 생각하는 문제해결의 실마리를 제공할 수도 있기 때문입니다. 다음으로 학년에서 잘 안되었다고 생각하는 문제들을 이야기합니다. 구성원들은 다른 학년의 어려움과 문제를 들으며 공감하게 되고 학교 전체가 모두 참여하여 해결해야 할 '방 안의 코끼리'와 같은 큰 문제를 발견할 수도 있습니다. 마지막으로 이러한 문제들을 어떻게 하면 해결할 수 있을지, 그리고 교사 자신은 어떠한 것을 준비해야 할지 구성원들의 깊이 있는 나눔을 통해 문제해결로 나아가게 됩니다.

적정한 합의를 어떻게 이룰 것인가?

학교교육과정에서 발견된 문제를 유목화하여 영역별 TF팀에 참가하는 과정에서 구성원들은 발견된 문제에 대한 치열한 논의를 거친다. 이때 구성원들이 개인 또는 학년마다 각기 다른 교육적 견해와 인식에 대한 차이를 확인하게 되면 불편감을 느낄 수 있다. 또한 이렇게 여러 번에 걸쳐 반복되는 협의를 통해 구성원들은 피로감을 호소하기도 한다. 그래서 TF팀 협의회에 참여한 구성원들은 공동체 안에서 적정한 합의에 이르기 위해 자신의 의견을 조절할 필요가 있다.

문제를 완벽하게 해결하고 모든 구성원의 동의를 얻는 것을 원하겠지만 모두가 만족하는 해결은 불가능함을 인정해야 한다. 따라서 구성원들은 발견된 문제를 가지고 끊임없이 숙의하는 과정에서 자신의 의견을 양보하거나 다른 사람의 의견을 받아들이며 자신의 지평을 넓힌다. 이를 통해 학교 구성원들이 학교의 비전과 목표에 맞는 공동의 관점을 가지게 된다.

구성원들은 각자 자신만의 생각과 가치관을 가지고 있기 때문에 같은 상황도 전혀 다르게 바라보고 판단한다. 서로 다른 프레임을 가진 구성원들이 한자리에 모여 이야기를 나누게 되면 충돌은 불가피하다. 특히 1년의 교육과정 운영 결과를 돌아보는 자리에서 드러나는 생각의 차이는 더욱 첨예할 수 있다. 자신의 업무 수행의 결과가 도마에 올라 평가받는다고 느껴질 수 있기 때문이다. 그러므로 구성원들은 한 사람에게 문제의 원인을 돌리는 것이 아니라 문제 자체에 집중하는 인식의 합의가 필요하다. 그것이 안전하게 전제되었을 때 그다음 논의로 나아갈 수 있다.

이러한 전제를 바탕으로 학교는 우리가 바꾸어야 할 현안으로 무엇을 수용할 것인가에 대한 토론을 진행해 나간다. 사람이 아니라 문제에 집중한다고 하더라도 서로 다른 관점과 욕구로 인해 원활한 합의에 이르는 것은 여전히 어렵다. 이때 완벽한 합의에 이를 수 없게 되면 문제를 그냥 내버려 두거나 강력한 파워로 자신의 의견을 관철하려는 구성원들 간의 역동이 발생한다. 우리는 서로 다른 교육적 견해와 인식의 차이를 그 자리에 머물게 하는 장애물이 아니라 함께 나아가는 공동체의 동력으로 전환해야 한다. 그것이 바로 적정한 수준에서의 합의를 도출하는 것이다.

적정한 합의는 구성원들이 적절한 수준에서 결과를 인정하게 만드는 기술에 가깝다. 리더와 퍼실리테이터를 중심으로 합리적 방안을 찾아가는 것이다. 구성원 모두가 토론의 과정에서 자신의 목소리를 내고 인간적인 유대를 깨뜨리지 않는 범위에서 하나의 안을 결정하는 것이다. 그러기 위해서는 구성원들이 윤리적 사고와 합리적 선택을 놓치지 않도록 이끄는 가이드라인이 필요하다. 이러한 가이드라인은 구성원들이 함께 만들어가야 하는 것이다.

▪ TF팀 협의회

A교사: 담임 선생님들은 교육과정과 맞물려 행정적인 업무를 처리하는 게 어렵습니다. 그래서 담임 선생님들이 업무의 부담을 덜고 교육과정 운영에 집중할 수 있도록 업무를 조정했습니다. 그러나 업무나 시수에 부담을 가지는 분들이 계셔서 내년도에는 아이들에게 집중할 수 있도록 교육과정 지원팀의 업무를 조정하면 좋겠다고 생각합니다.

B교사: 교육과정 지원팀 업무 조정에 찬성합니다. 다만 교무, 연구 외에 지원팀을 할 사람이 있을까 싶습니다. 모두 합의된 의견이 필요하지 않을까요?

C교사: 교육과정 지원팀을 4명으로 하고 전담 교과는 영어를 우선직으로 맡으면 좋겠습니다.

A교사: 운동부 담당교사는 담임보다는 교육과정 지원팀 부장교사가 맡는 것을 제안합니다.

B교사: 방과 후 담당교사가 3명이 있는데 복지사까지 지원되기 때문에 담당교사를 2명으로 줄여도 좋다고 생각합니다.

A교사: 협의한 결과를 바탕으로 최종 협의회에서 교감 선생님과 함께 업무조정안을 구체적으로 마련하도록 하겠습니다.

사례의 합의에서 교사들은 교육과정 운영을 위한 교육과정 지원팀이라는 실제적인 방안을 논의하면서 문제를 발견한다. 이러한 논의 과정에서 교사 간의 의견 차이가 드러난다. 하지만 이는 자연스러운 현상이다. 이렇게 대화를 나누고 서로의 의견을 받아들이며 조율하는 과정에서 합리적인 결과를 도출해 낼 수 있다. 학교교육과정 문제발견에 있어서의 의사결정은 교육과정을 실행하면서 발견되는 문제를 기반으로 사실을 확인하고 필요한 대안을 선택하는 것이다. 이를 통해 구성원들은 자신을 조절해가며 적정한 합의에 이른다.

적정한 합의를 위한 안전한 분위기 조성의 3단계

적정한 합의를 위해서 구성원들은 반대 의견을 포함한 꺼내기 어려운 핵심 문제를 제안할 수 있어야 합니다. 이를 위해 '공동의 논의 → 포커스 그룹 토론 → 공유'의 3단계 논의의 장이 필요합니다. 논의의 장을 마련한다고 해서 논의가 활발하게 진행되지는 않습니다. 논의를 위해 필요한 단계를 3단계로 구분해보면 다음과 같습니다.

첫째, 토대를 만들어야 합니다. 의견을 내거나 참여하지 않으려는 구성원들의 인식 자체를 강제로 바꾸려고 하면 저항을 낳습니다. 그래서 구성원들이 어떤 상황에서 어떤 믿음과 가정을 가지고 있는지 자신의 프레임을 점검할 수 있어야 합니다. 이때 필요한 질문이 '우리 학교에 발생한 문제는 어쩔 수 없는가?', '학교교육과정을 위해서 가장 중요한 것은 무엇이며, 학교교육과정은 누구를 위한 일인가?'입니다.

둘째, 참여를 유도하기 위해 포커스 그룹을 만듭니다. 포커스 그룹은 소수의 인원이 참여하므로 학교에서 전체 회의에서 다룰 수 없는 문제를 더 깊이 다룰 수 있고 모두가 의견을 제시할 수 있습니다. 이때 미흡했던 부분을 솔직하게 인정하고 제언을 위한 시스템을 만드는 것입니다.

마지막으로 교사들의 의미 있는 반응을 통해 더 나은 대안을 모색합니다. 문제 제기는 문제를 해결하는 단계의 시작입니다. 문제를 해결하기 위해서는 긴 과정이 필요합니다. 이 과정에서 필요한 자세가 구성원의 문제 제기에 감사의 표현을 하는 것입니다. 이와 함께 다음 단계로의 적극적 논의와 토론을 유도해야 합니다. 그리고 지속적인 학습을 위해 교육 기회를 제공하는 것이 필요합니다.

이와 같은 단계를 체계적으로 거치기 위해 토의를 위한 내용에 성과와 한계, 제언을 포함합니다. 성과, 한계, 제언을 넣어 토의를 한다면 잘 운영된 점을 지속할 수 있고 한계에 대한 더 깊은 토의를 진행할 수 있습니다. 또한 포커스 그룹의 대안을 통해 다른 방안을 모색할 수 있습니다. 무작정 토의를 이어가면 시간과 효율성의 저하로 인해 구성원들이 지치게 됩니다. 적정한 합의를 위한 토의 자료는 다음과 같습니다.

▶ 돌봄교실: 일 1개 이상 무상 프로그램 지속 운영	
• 성과: 외부강사를 활용한 단체 활동 프로그램(레고, 몸표현 신체활동, 북아트, 오카리나, 바이올린)을 진행하여 다양한 경험과 특기 신장으로 개인의 적성을 찾는데 도움, 학부모 만족도 향상. • 한계: 방과 후 학교 참여 학생이나 학원수강으로 하교하는 학생이 단체 활동 수업시간과 중복되어 모든 일반학	제언

교육과정 수업 평가 일관성은 학교 교원의 수준과 요구를 바탕으로 역량을 강화해야 가능하다. 역량강화를 위해 교사들에게 필요한 것은 교사들의 행정업무 경감과 정서적 안정감을 느낄 수 있는 학교의 문화이다. 따라서 교사들의 업무지원을 통해 교육과정 중심의 학교문화의 변화를 위하는 방안 역시 교사들의 요구의 반영이 우선되어야 한다. 교사들은 성인학습자이며 서인학습자들은 자신에게 의미 있을 때 배움을 선택하게 된다. 또한 부정적 결과가 나타나면 학습을

생의 참여가 어려움. 음악활동에서 호불호가 나뉠 수 있음

▶ **교육복지우선지원사업**
• 성과: 본교 저소득층 교육복지대상학생 맞춤형 지원 및 연계. 초기 사업 정착 안정화 노력
• 한계: 사업 1차년로 대상학생의 욕구를 제대로 반영하지 못하고 프로그램을 운영함. 대상학생 위주로 하는 부분에서 낙인감 해소가 필요함. 복지대상이 아니나 사업이 필요한 학생들을 발굴하는 데 어려움

포기하는 것도 빠른 것이 특징이다. 결국 교사의 역량을 강화하기 위해서는 교사들의 자발성이 필요하며 자발성은 실효성과 실용성이 함께 보폭을 맞출 때 가능하다. 실제 효과가 있고 사용할 수 있어야 즐겁게 참여할 수 있다. 학교의 지원과 외부의 지원이 학교 교육력 강화와 학생들의 성장에 도움이 될 수 있도록 교사들의 요구를 반영하는 것, 교사들이 실행할 수 있는 방안을 모색하는 노력이 필요하다. 또한 새로 전입하는 교사가 학교에 빠르게 적응하여 학교교육과정 운영에 함께 참여할 수 있도록 지원과 배려가 이루어질 수 있도록 전입교사를 위한 연수가 운영될 필요가 있다.

이 모든 과정은 연습이 필요합니다. 기본 토대를 구축하고, 참여를 위해 모두가 발언할 수 있는 심리적 거리와 공간, 시간을 확보해야 합니다. 더 깊은 토의가 이루어질 수 있도록 누가 옳고 그름을 가르지 않도록 질문을 통해 제언을 유도합니다. 이때 할 수 있는 질문은 '우리가 놓친 건 없나요?', '다른 방안은 무엇일까요?', '다른 분의 의견을 들어볼까요?', '사례를 들어주세요.' 등이 있습니다. 훌륭한 과정은 훌륭한 결과를 도출하지만 부족한 과정은 부족한 결과를 도출합니다. 따라서 과정이 부족하지 않도록 해야 합니다. 모두가 말할 수 있는 안전한 분위기는 친절함, 편안함, 안락함과는 다른 말입니다. 이는 듣기 불편하고 거북한 말, 모두가 언급할 수 없었던 말을 하는 것이 아닌 비난이라 느껴지지 않도록 하는 것입니다. '좋은 것이 좋은 것'이라는 문화는 적정한 합의가 아니라 침묵을 통한 저항의 결과일 수 있습니다. 구성원들이 침묵을 선택하지 않도록 침묵하지 않는 구성원의 의견을 소중히 생각합니다.

공동의 일에 어떻게 참여하게 할 것인가?

학교교육과정의 문제를 발견하는 과정에서 구성원들이 학교 공동의 문제를 외면하고 참여하지 않으려 하는 경우가 있다. '나는 안 할 거야.', '나와는 상관없어.', 'A로 하든 B로 하든 그건 교무부장이 감당할 일이야.' 등과 같이 자신과 직접적인 상관이 없거나 에너지가 많이 소모되는 일에는 관심을 가지지 않으려고 한다. 그래서 학교 구성원들이 공동의 일에 참여할 수 있도록 하기 위한 선순환적인 구조를 만들 필요가 있다. 과연 어떻게 하면 구성원들을 공동의 일에 참여하게 할 수 있을까?

첫째, 구성원들이 모두 참여할 수 있는 시스템을 만드는 것이다. 모두가 참여할 수 있는 문화와 여건이 조성된 학교라면의 구조라면 구성원들은 공동의 일에

자연스럽게 참여하게 된다. 이러한 구조 속에서 동료들과 함께함으로써 넛지 효과처럼 자신도 모르게 공동의 일에 참여하고 있는 자신을 발견할 수 있다.

둘째, 리더가 먼저 모범을 보이고 헌신하는 것이다. 공동체의 리더가 권력을 남용하고 강압적으로 변화를 이끈다면 구성원들은 저항하게 된다. 강요된 헌신은 구성원들이 일시적으로 변화하는 것처럼 보일지라도 결국에는 구성원들을 소진시켜 제자리로 돌아오게 만든다. 리더가 봉사자가 되어 먼저 모범을 보이고 헌신하는 행동을 보인다면 구성원들도 공동의 일에 함께 참여할 수 있는 가능성이 높아진다.

셋째, 공동의 일에 참여하지 않는 구성원들을 독려하고 설득하는 것이다. 이것은 에너지가 많이 소모되는 방법이기도 하지만 가장 확실한 방법일 수 있다. 변화를 하기에 두려워하거나 고민하고 있는 구성원들이 있다면 직접 찾아가 구체적으로 설득하는 과정을 통해 공동의 일에 참여하게 할 수 있다.

A교사: 지난 성찰협의회 때 문화예술 교육이 문제라고 얘기가 나왔어요. 그래서 제가 문화예술교육 TF 팀장을 맡아서 우리 학교의 문화예술교육이 어떻게 되는지 1학년부터 6학년까지 다 분석해서 TF팀 회의에 가지고 갔어요. 학년별로 어떻게 진행되는 게 좋겠는지 이야기해달라고 했는데 거기 모인 선생님들이 '1학년 괜찮아요.', '2학년도 괜찮아요.', '다른 학년도 다 괜찮아요.'라고 하면서 회의가 끝났어요. 문제가 있어도 전체적인 자리에서 '이렇게 되었으면 좋겠어요. 저렇게 되었으면 좋겠어요.' 얘기를 잘 안 하시더라구요.

B교사: 악기는 리코더든 오카리나든 상관없으니까. 어떤 악기로 문화예술 교육을 하는지는 교사들에게 별로 중요하지 않은 문제라서 그런 게 아닐까요?

C교사: 그런 문제라기보다는... '나는 교무도 연구도 학년 부장도 아니니 크게 관심 없어.' 이런 것 아닐까요?

A교사: 그러면 애초에 문제라고 인식이 되면 안 되는 거잖아요. 문제라고 인식이 되었는데도 '내 일이 아니다. 어떤 것을 해도 상관없다'는 생각을 하시는 거 같아요. 공개적인 자리에서 얘기하는 걸 부담스러워 하는 것도 같구요.

C교사: 문화예술 교육 업무를 맡은 한 명의 잘못으로 몰고 가는 게 싫은 거 아닐까요?

A교사: 그럴 수도 있겠네요.

위의 사례처럼 구성원들은 특정 사안에 대해 다양한 의견을 갖고 있다. 이러한 다양한 의견은 적절한 조율이 필요하다. 구성원들은 문제를 드러내고 이를 해결하려면 변화가 필요함을 인식하게 된다. 그러나 변화는 기존의 일상과 삶의 안위를 깨뜨리며 교실 속 상황이 불확실하고 불안정하게 만들 수 있다. 따라서 대부분의 교사는 자신이 실행하고 있던 교육과정을 변화시킬 때 내적인 갈등을 경험한다. 그러나 갈등을 회피하면 더 나은 변화와 성장은 올 수 없다.

이 과정에서 교사들에게 필요한 것은 이론적인 이해와 옳고 그름에 대한 논리적 설명이 아니라 변화를 도전해보고 경험할 수 있는 기회이다. 서로 협력하지 못하고 서로의 의견을 맞추어 가는 힘든 상황이 성장을 경험할 수 있는 과정이며 이러한 과정을 통해 구성원들 스스로 적절한 경계와 헌신하는 태도가 만들어짐을 믿어야 한다. 갈등은 긴장을 조성하지만 새로움을 창조하는 순간이기도 하다. 따라서 갈등을 대할 때 신중해야 하고 갈등을 거부하기 보다는 반갑게 맞이해야 한다.

이를 위해 첫째, 갈등을 드러내기 전에 반드시 준비해야 한다. 갈등을 일으키고 있는 구성원 또는 집단과 사전에 신뢰를 쌓을 필요가 있다. 신뢰를 바탕으로 갈등을 드러내면 그것은 우리 모두를 위한 과정임을 인식하게 된다.

둘째, 갈등을 다룰 수 있는 최소한의 원칙이 필요하다. 이때 필요한 것이 질문이다. 문제에 집중할 수 있는 질문을 마련하고 구성원을 비난하지 않게 조절해야 한다.

셋째, 상충되는 주장과 입장을 공정하게 대해야 한다. 그리고 각자의 의견이 학교교육과정 운영을 위한 의견임을 상기시키고 목적에 맞는 것인지 확인한다.

넷째, 모두에게 손실이 있을 수 있음을 안내한다. 의견을 조율한다는 것은 어떤 한 사람에게 전적으로 이익이 되거나 손해가 되는 것이 아니다. 따라서 구성원들이 손실에 대해 충분히 생각할 수 있는 시간이 필요하다. 그리고 마지막으로 먼저 실행해보는 것이 중요하다.

마지막으로, 먼저 실행해보는 것이 중요하다. 이 실행은 완성이 아니라 실험에 가깝다. 한 번의 논의와 조율로 모든 것이 해결되지 않는다. 시도는 이미 변화가 시작되었다는 증거이고 반복되는 실험 과정에서 이루어지는 논의와 조율을 통해 성장이 가능하다.

교직원 회의 안건 제안서	교직원 회의 의결기구화
	제10조 (의사결정) ① 안건은 제안자가 사전 협의, 모두 발언, 모둠 토의, 찬반 투표의 방법 중 1가지 이상을 선택하여 결정한다. (사전 협의의 예: 구글 문서, 사전 설문 조사 등 / 모두 발언의 예 : 돌아가며 말하기, 브레인라이팅, 앱 활용 등) ② 의사결정은 전체 교직원의 합의를 지향하되, 찬반 투표의 경우 사전 협의를 반드시 거치도록 하고, 출석 교직원의 80%가 찬성한 경우 합의안으로 본다. ③ 의사결정 과정에서 제안자를 제외한 참석자들의 발언은 1회당 2분 이내로 제한한다. ④ 합의안에 관해 전체 교직원의 50% 이상이 재논의를 요청한 경우에는 재논의를 하도록 한다. ⑤ 학기말 교육활동 평가회에서는 모든 교육활동 사안을 재논의할 수 있다.

〈교직원 회의 시스템〉

모두가 공동의 일에 참여할 수 있도록 만드는 교직원 협의회 시스템을 마련합니다. 학교는 교직원 협의회 시스템을 만들어 의결기구화하여 교직원 협의회에서 결정된 의견이 번복되지 않도록 내규를 마련합니다. 그리고 매달 정해진 시간 또는 수시로 모두가 모일 수 있는 시스템을 마련하여 공동의 일에 참여할 수 있도록 합니다. 이는 모두가 교직원 회의에 안건을 제안하지 않더라도 함께 이야기할 수 있는 장에 참여함으로써 자연스럽게 학교 공동체의 문제에 참여하게 됩니다.

교직원 협의회에 참여하게 되면 일부 리더나 문제와 관련된 업무 담당자만 관심을 가지던 일들이 공동의 문제로 확장됩니다. 특히 이러한 교직원 협의회는 문제를 해결하는 과정에서 다다수결의 원칙만을 고수하지 않고 소수의 의견을 채택하는 경우도 있습니다. 왜냐하면 소수의 의견을 깊이 이해하지 못한 상태에서 반대하던 구성원들이 알지 못하던 사실을 알게 됨으로써 새로운 관점이나 대안이 생기기도 하기 때문입니다. 이러한 과정은 피곤하고 고통스러울 수도 있습니다. 공동의 일에 참여하고 그것에 합의하는 과정은 개인의 이익을 넘어서 공공성을 고려하는 일입니다. 그러나 구성원들이 이러한 과정을 견딤으로써 공동체 모두가 동일한 목표와 비전에 가까워지기 때문에 매우 의미 있는 과정이라고 할 수 있습니다.

이때 리더는 퍼실리테이터로서 공동의 의견을 강요하지 않고 각자의 의견이 교류될 수 있도록 충분한 논의가 가능한 구조를 만들어야 합니다. 돌아가며 말하기, 월드 까페 등을 통해 모두가 말할 수 있는 시스템을 만들거나 익명으로 자신의 생각과 의견을 여과 없이 드러낼 수 있는 장치도 필요합니다. 그랬을 때 모두의 의견을 자유롭게 나눌 수 있는 생산적인 방향으로 토의와 토론이 이루어집니다. 결국 구성원들은 자신의 의견이 존중받고 있음을 느끼고 의사결정의 흐름이 유연하게 바뀔 수도 있다는 믿음을 가지게 됩니다.

의사결정을 통해 변화 지점을 찾아 실행하라

유발 하라리(Yuval Harari)는 '코로나 폭풍은 지나갈 것이다. 하지만 우리가 내린 선택은 앞으로 몇 년 동안 우리의 삶을 변화시킬 것이다.'라고 했다. 삶의 의미는 순간을 붙잡음으로써 이루어진다. 순간을 잘 붙잡아서 의미를 해석하고 변화하지 않으면 내년에도 똑같은 상황에 힘겹게 살아갈 수 있다. 마찬가지로 지금의 나를 이끌어온 것은 문제를 발견하고 해결하는 새로 고침을 통하여 이루어진 것이다. 삶을 살아가는 동안 문제가 나에게 준 의미와 영향을 탐색하여 문제를 새롭게 정의해 나감으로써 나의 삶이 결정된다. 결국 우리 앞에 놓인 문제를 어떻게 해석하고 의미를 부여할 것인가에 따라 우리의 삶은 달라지게 된다.

학교교육과정의 문제발견은 모두가 인식하고 있지만 회피하려 했던 본질적 문제를 발견하는 것부터 시작한다. 그리고 발견된 문제를 의미 있게 정리하고 집중하여 선택함으로써 제대로 보게 된다. 학교가 직면한 문제를 깊이 있고 정확하게 해석하는 과정을 통해 구성원들이 함께 논의하고 검토하며 수정한다. 마지막으로 구성원들이 적정한 합의를 통해 문제해결의 가능성을 높이는 대안을 모색한다. 이 과정에서 구성원들은 때로 상처받고 더욱 회피하기도 한다. 따라서 구성원들의 심리적 어려움과 구성원 간의 갈등을 해결할 수 있는 상담 과정을 도입할 수 있다. 의견의 차이를 공적으로 처리하는 과정에서 생긴 앙금이 사적인 관계로 옮겨가지 않도록 인간적인 만남을 지원할 수 있다.

이 모든 과정에서 구성원들에게는 용기와 격려가 필요하다. 구성원들이 제안한 의견이 얼마나 의미가 있는지, 그리고 혹시 모를 실패가 파국으로 인식되지 않도록 시스템을 마련해야 한다. 이를 위해 간단하게 실수를 수정할 수 있고 실수가 성장의 기회가 될 수 있게 분석할 수 있도록 도움을 주어야 한다. 또한 문제의 원인을 제공하는 구성원에 대해서는 개인적인 직면도 도움이 된다. 이를 위해서는 직면의 이유와 구성원에게 어떤 것을 기대하는지를 매우 구체적으로 정확하게 말해 주는 것이 필요하다. 그리고 이러한 직면이 그를 비난하는 것이 아니라 신뢰가 바탕임을 표현해야 한다.

지금까지 걸어온 길을 돌아보고 구성원들의 의사결정을 통해 변화 지점을 찾아 새롭게 다시 시작하는 것은 전에 걸어보지 못한 새로운 길을 발견하는 것과 같다. 이렇게 문제를 발견하고 구체적인 행동으로 실행하는 것은 구성원들을 의미 있는 방향으로 성장시킨다. 이렇게 학교교육과정의 문제발견은 앞으로의 의미를 발견하고 방향을 결정하는 중요한 과정이다.

집단이 기존에 해오던 방식을 고수하려고 할 때?

학교의 구성원들은 교육과정을 운영하며 현실에 대한 상황과 맥락을 파악하게 되고 자신에게 필요한 것들을 받아들이며 서서히 변화해 간다. 그러나 교사로서 일정한 시기에 도달하면 이러한 문제를 발견하더라도 변화하는 과정에 저항하기도 한다. 왜냐하면 자신의 내면에 깊이 자리 잡고 있는 실천적 지식과 내러티브에 의존하기 때문에 외부 자극에 반응하는 것이 둔화되고 정체되기 때문이다.

개인의 신념과 상충하는 변화를 맞이하는 구조적 갈등을 다루는 과정에서 중요한 첫걸음은 변화를 바르게 인식하고 변화될 결과를 미리 예상하는 것이다. 일반적으로 변화에는 긴장과 압박이 존재하고 변화가 가져오는 결과에 대한 의문 등이 존재한다. 그러다 보면 변화를 원하는 그룹과 그렇지 못한 그룹 간 갈등이 생겨난다. 특히 변화를 원하는 그룹은 변화에 저항하는 그룹에 대하여 때때로 게으르고 무능력하다고 비판하며 일부의 변화 그룹만 일을 추진하는 악순환을 경험하게 되기도 한다.

당연히 변화에 저항하는 집단이 있을 수 있다. 그래서 우리가 추진하고자 하는 일에 정말 불가능하거나 어려운 일이 없는지 살펴보아야 한다. 또한 변화와는 별개의 이유로 내가 다른 사람을 깎아내리고 있지는 않은지, 아무 이유 없이 의견에 지지하지 않는지 등 자신의 행동을 이전보다 세심하게 인식하고 늘여다보아야 한다. 이처럼 자신이 미처 인식하지 못하는 구조가 우리를 변화하지 못하게 만들기도 한다. 일단 문제가 무엇인지 알아채고 문제라고 명명하면 그것은 우리에게 이전처럼 강한 구속력을 가지지 못한다. 다시 말해 나에게 주어진 현실을 명확하게 인식하고 알아차린 후에 구체적으로 실행함으로써 변화가 가능하다.

자신이 맡았던 역할에 대한 부정적인 평가를 들었을 때?

자신이 어떤 역할을 하든지 그 역할이 자신을 모두 대변하는 것은 아니라는 사실을 기억해야 한다. 역할은 공동체가 더 나아지기를 바라는 마음으로 특정 순간에 하는 행동이다. 역할을 제대로 수행하지 못했다 할지라도 그 역할 안에서 자신의 행동이 성공적이지 못했던 것일 뿐 자신이 실패한 것은 아니다. 이런 관점으로 역할을 바라보면 어떤 역할을 제대로 수행하지 못할지라도 이를 개인적으로 받아들여 상처받지 않게 된다. 어떤 일을 개인적으로 받아들이면 모든 관심이 자신의 내면으로 향하게 된다. 이렇게 되면 해결해야 하는 문제에서 멀어지게 되고 문제를 해결할 기회도 줄어들게 된다. 실제로 메신저의 의도를 좌절시키기 위해 개인적인 공격을 하는 경우도 있다. 그럴 때는 "물론 제가 더 훌륭한 사람이었다면 좋았겠지요. 하지만 지금은 우리 앞에 있는 문제에 집중해보면 어떨까요?"라고 말해보자. 자신이 맡은 역할과 지신을 구분할 때 반대자의 공격까지도 아무렇지 않게 넘길 수 있는 감정적인 힘을 얻게 된다.

학교교육과정의 문제를 발견할 때 관리자의 역할은?

가치가 충돌하는 문제를 해결하기 위해서 리더는 고통스러운 선택을 해야 할 때가 있다. 그 선택은 어떤 구성원들에게는 도움이 되지만 어떤 구성원들에게는 상처가 될 수 있기 때문에 고통스러울 수 있다. 이런 선택은 결정하기 어렵기 때문에 많은 리더는 그 상황을 회피하기도 하고 때론 어느 쪽도 만족시키지 못하는 어정쩡한 결정을 내리기도 한다. 결과적으로 공동체의 가치는 계속 충돌하게 된다. 그러나 리더는 선택과 결정을 피해서는 안 된다. 모두에게 이득이 되는 해결책이 이상적이지만 그런 해결책은 흔치 않다. 결정이 쉽지 않을 때 리더는 고통스러운 결정을 직면하고 책임지기를 피해서는 안 된다. 학교 구성원들이 기대하는 모습은 실패를 피해 가는 게 아니라 책임지는 모습이라는 것을 기억할 필요가 있다.

학교교육과정 프로세스

문제발견 ⟶ **계획** ⟶ 실행 ⟶ 성찰

교육과정은 라틴어의 쿠레레(currere)에서 유래된 말이다. 쿠레레는 경주 코스 또는 경주 자체를 의미한다. 교육과정의 의미 속에서 우리는 교육과정이 다분히 계획적이어야 함을 알 수 있다. 경주가 이루어지기 위해서 경주 코스를 어떻게 만들지 경주 과정을 어떻게 운영할 것인지, 어떤 경주를 할 것인지 등 구체적인 실행계획이 필요하듯 교육은 일련의 계획된 활동이다.

학생들이 공부해야 할 내용과 학교의 온갖 교육활동이 어떻게 이루어지고 언제 이루어져야 할지에 대한 구체적인 계획을 세우는 것 그것이 교육과정이며 이는 곧 실제 교육활동의 '기준'으로 작동한다. 학교에서 만들어지는 학교교육과정은 그 학교의 교육내용과 교육 방법, 교육 시기, 평가 방법 등을 결정하여 문서로 작성한 것이다. 이 과정에서 교사들은 우리 학교 학생들에게 적합한 교육과정은 무엇인가, 어떻게 전달하고 어떤 경험을 제공할 것인가, 학생들의 요구와 지역의 특성은 무엇인가 등을 고려하고 국가와 지역교육과정을 토대로 교육내용과 방법을 체계화한다.

계획된 학교교육과정은 1년 동안 학교가 나아가야 할 방향을 알려주는 나침반과 같은 역할을 하며, 학교에서 겪는 학생들의 일상적인 경험을 담고 있다. 따라서 학교교육과정 계획은 교사들의 전문성과 집단지성을 함께 발휘하는 깊은 숙의 과정이다. 깊은 숙의 과정에서 교사들은 '더 나은 경험', '또 다른 경험'을 제공하기 위해 교육과정을 선택하고 재배열하며 개발한다. 이러한 교사들의 노력으로 만들어지는 학교교육과정은 수업을 통해 구체화 되고 그 과정에서 학생들과의 상호작용을 통해 다양하게 변형된다. 동시에 학교교육의 목적과 학생들의 개인적 성장에 대한 방향성을 잃지 않는 학교 구성원들의 약속 또한 담아야 한다.

학교의 빛깔, 학교교육과정

우리는 일상에서 수많은 선택을 한다. 그리고 그 선택이 과거로부터 지금까지, 나아가 앞으로의 나를 이룬다. 그것은 타인과 나를 구별하는 나만의 빛깔이 된다. 빛깔을 갖는다는 것은 내가 남들과는 다른, 구별되는 무언가를 지닌다는 것을 의미한다. 우리는 이것을 정체성이라고 한다. 정체성이라는 빛깔은 존재를 그렇게 지각하는 외부의 시선을 전제로 한다. 그렇기 때문에 정체성은 나와 타인의 관계 속에서 만들어지며 끊임없이 나와 너의 관점으로 새롭게 해석된다. 정체성은 단지 나의 것이 아니고 우리는 서로의 정체성에 관여한다.

학교는 개인의 정체성을 형성하고 구성원인 교사와 학생이 삶의 이야기를 펼쳐가는 중요한 공간이다. 그것은 복잡한 방식으로 작동한다. 학교의 구성원들이 밀접하게 관련을 맺으며 상호작용하고 해당 학교의 관계, 문화 등에 영향을 끼치는 것이다. 학교의 교육목표를 설정하고 교육활동을 실천하는 과정에서 구성원들은 관계를 맺고 경험을 공유한다. 따라서 그 안에서 구성원들은 각자의 정체성을 형성하는 동시에 자신의 관점으로 학교를 투영하게 된다. 그것이 그 학교의 정체성이 된다. 자신이 속해 있는 학교의 특성을 공유하고 규정하는 것이 바로 학교가 가지는 정체성인 것이다.

결국 구성원들의 삶의 이야기가 내가 속한 학교의 정체성을 결정한다. 학교의 정체성은 외부에서 주어지는 것이 아니라 내부의 구성원들이 선택하고 창조하는 것이다. 학교의 정체성을 만들고 드러내는 과정이자 결과, 도구이면서도 목적이 되는 것이 바로 학교교육과정이다. 학교교육과정은 목표를 담은 방향성과 출발점, 실제로 나아가야 할 길, 도착점과 걸어온 길을 모두 포함한다. 따라서 학교교육과정은 우리 학교의 빛깔을 결정한다.

학교의 빛깔 찾기

전국의 모든 학교는 사회로부터 교육기관이라는 부여된 정체성을 가진다. 또 다른 정체성은 개별 학교의 독특한 특성으로서의 빛깔이다. 그 학교의 빛깔은 교사의 교육적 관점과 행위를 반영한다. 교사가 학교에서 무엇을 추구하고 어떻게 살아가는가는 학교의 빛깔을 드러내는 강력한 요인이기 때문이다. 교사들마다 가지고 있는 교육관, 가치, 철학은 다양하다. 그것을 학교의 맥락에 따라 공동체적 가치를 바탕으로 협력하고 조율해 가는 것이 필요하다. 각자의 방향으로만 나아가는 빛은 밝고 선명한 빛을 내지 못한다. 학교의 빛깔은 교사의 나 중심적인 정체성에 초점을 두는 것이 아니라 관계를 기반으로 공동체가 함께 하나의 합의된 방향을 바라보는 것으로부터 만들어진다. 그것이 바로 학교의 비전을 만드는 과정이다.

1) 관심을 가지고 한자리에 모이다, 관계 형성

이제 교사들은 한 방향을 바라보기 위해 모인다. 우리 학교의 빛깔을 갖기 위한 여정에서 이 과정이 중요한 이유는 학교의 모든 교사가 함께 하기 때문이다. 위로부터 강요된 협력이나, 편의주의 협력, 당파화된 협력이 아니라 출발점에서 목표까지 주체적 공동체를 지향하는 시도이다. 비전을 향해 교사가 한 팀이 되어 나아가기 위해서는 너를 알고 나를 아는 과정이 수반되어야 한다. 자기개방과 감정을 교류하는 시간을 갖는 것이다. 한배를 탔다는 의식과 동료 간에 신뢰를 형성하고 동기를 부여한다. 물론 이러한 인간적 유대가 힘을 발휘하기 위해서는 시간이 필요하다. 계획뿐 아니라 실행, 성찰까지 지속적으로 쌓아 가야 하는 것이다. 관계 형성 과정은 이 모든 것들의 초석을 다지는 시기로서 중요한 의미를 가진다.

이때는 새로운 일 년 살이를 위해 다시 출발선에 서는 시기다. 전근 온 교사를 포함한 구성원들이 다 함께 처음으로 만나는 낯선 이 상황은 설렘, 기대, 긴장, 두려움 등 다양한 감정을 동반한다. 이런 개개인의 심리적 요인은 학교의 문화와 앞으로의 성취에 큰 영향을 미친다. 따라서 여러 감정을 편안하게 표현하고 공유하는 시간이 필요하다. 중요한 것은 두려움, 불안과 같은 부정적 정서를 기대, 설렘과 같은 긍정적 감정으로 전환시켜 앞으로 나아가는 동력으로 삼는 전략이다. 리더나 퍼실리테이터의 역할이 중요한 단계라고 할 수 있다.

>> 이렇게 해 보았어요

마시멜로 챌린지란?

마시멜로 챌린지는 마시멜로, 실, 파스타면, 테이프를 이용하여
최대한 높이 마시멜로 탑을 쌓는 게임입니다.

팀원들이 협동하여 제한시간 안에 쌓는 게임이고 면이 부러지거나,
시간이 초과되거나, 상대방보다 낮게 탑을 쌓으면 지는게임 입니다.

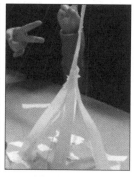

답답한	신나는
재미있는	기대되는
훌륭한	얼떨떨한
본격적인	애매모호한
화나는	슬픈
지치는	따뜻한

여유로운	반대하는
조심스러운	설레는
변화하는	지겨운
어려운	감사한
다른	아름다운
꾸준한	순수한

〈관계 형성 활동〉

학교 전체 구성원이 한자리에 모여 아이스 브레이킹, 팀빌딩 등의 과정을 거치는 것은 구성원들의 심리적 장벽을 낮추고 서로에 대해 관심을 가지게 합니다. 가벼운 대화와 피드백들은 말 그대로 차가운 얼음을 깨뜨리고 우리가 진짜로 원하는 것을 다룰 수 있는 분위기를 형성합니다. 자신의 현재 상태를 감정 카드를 활용해 설명하는 시간을 가지는 기법을 활용할 수도 있습니다. 이와 같은 활동을 통해 편안해진 분위기는 긴장감으로 경직되어 있는 개개인들의 시선을 외부로 돌려 다른 구성원, 나아가 학교 진제의 목표를 바라보고 학교교육과정 계획에 적극적으로 참여할 수 있는 토대를 만들어 줍니다.

2) 학교의 비전을 그리다

계획은 설계도를 그리는 것과 같다. 설계도는 목적에 맞는 구조, 치수, 재료 등을 결정하고 이것을 바탕으로 그 개요를 그리는 도면이다. 따라서 계획은 무의 상태에서 출발하는 것이 아니라 필요한 것들을 사전에 꼼꼼히 준비한 상태에서 시작해야 한다. 우리가 바라는 바를 확인하고 그것에 이르기 위한 계획을 세우기 위해서는 작년에 실행한 교육과정으로부터 발견된 문제를 고려해야 한다. 발견된 문제는 교육과정을 계획하기 전에 갖추어 놓아야 하는 준비물과 같다. 이제 그것을 꺼내어 공유하고 함께 살펴보아야 한다.

발견된 문제는 이전의 교육과정 실행 결과를 바탕으로 교사들의 의견을 수렴하고 찾아낸 우리 학교의 현안이다. 발견된 문제를 새롭게 합류한 교사들과 다시 한 번 공유하는 것은 이것을 무의미한 문서목록으로 남겨 두지 않고 실제적으로 개선해 나가기 위한 과제로 삼는 것이다. 발견된 문제는 우리가 비전을 그리는 과정에서 고려해야 할 것, 개선해야 할 것에 대한 실마리를 제공한다. 무작정 걷기만 해서는 우리가 원하는 곳에 이를 수 없다. 학교비전을 그리는 것은 우리가 가지고 있는 것은 무엇인지 확인하고 나아가야 할 방향이 어디인가를 결정하는 것이다.

전국의 모든 학교는 각각의 비전, 목표를 가지고 있다. 하지만 비전과 목적의식이 있는 것과 이를 구성원들이 원활한 소통을 통해 공유하고 있는가는 별개의 문제다. 소수의 몇몇이 만든 비전이 아니라 구성원 모두가 함께 그리는 비전인 것인가가 비전의 실현 가능성을 결정한다. 비전을 공유한다는 것은 구성원 개개인의 가치와 의미를 담는다는 뜻이다. 비전 실현의 핵심은 과제를 실행하는 개별적 교사가 그것을 '나의 일'로 여기는가에 있다. 교사들의 주체성을 기반으로 한 적극적인 참여가 비전 공유 과정에서 이루어진다.

비전은 구성원들이 공유하는 우리 학교의 문화이자 실천의 대상이다. 교무실의 한쪽 벽 액자 속에만 존재하는 공허한 슬로건에서 벗어나야 하는 것이다.

기획 단계 : 비전을 공유하는 과정	
우리가 바라는 학교, 학년?	**어떤 교사가 되고 싶은가?**
- 공동체 구성원들이 협력하여 참여하고 함께 이끌어가는 학교 - 출근하는 것이 설레고 기대되는 학교, 학년 - 기쁨과 슬픔을 나눌 수 있는 학교 - 서로가 서로에게 자극과 힘이 되어 함께 성장하는 학년 - 각자가 가진 개성이 다른 사람에게 도움이 되고 어울려 즐겁게 살아가는 학교	- 아이들을 사랑하는 교사 - 학생들이 학교에서 배우는 것이 삶과 분리되지 않고 깨달음과 성장하는데 힘이 될 수 있도록 가르칠 수 있는 교사 - 행복한 교사: 내 자신이 행복해야 그 힘으로 학생들에게 진정으로 다가가 그 행복을 함께 나눌 수 있는 사람이 될 수 있을 것 같음 - 내가 아는 것을 더불어 함께 살아가는데 나눌 수 있는 마음가짐을 가지는 학생들이 되도록 가르칠 수 있는 교사 - 앎의 기쁨을 느끼고 자신을 성찰하며 끊임없이 전문성을 키워가는 교사
학교 / **아이들**	**교사** / **현실**
- 자아실현 - 자신의 삶의 주인공이 되어 행복한 삶을 살아가는 사람 - 타인을 인정하고 존중하는 사람 - 비판적 사고력을 갖춘 사람 - 생명의 소중함을 알고 이를 삶에서 실천하는 사람 - 아름다움의 의미를 알고 삶에서 이를 향유하는 사람	- 새로 온 선생님들이 많아 관계의 서먹함 - 학생들에게 열정을 다해 가르치는 선생님들 - 교육활동을 지원하는 시스템 - 교육활동에 대한 학부모들의 적극적인 참여 의지
어떤 아이들로 키우고 싶은가?	**우리 학교, 학년의 장·단점은?**

〈학교비전 공유 방법〉

학교의 비전을 공유하기 위해서는 구성원들이 공동의 가치를 형성해 나가야 합니다. 비전 공유의 가장 큰 목적은 다양한 구성원이 하나의 목표를 향한 공동의 시선을 가지는 것입니다. 하지만 개인의 가치관과 관점 등이 모두 다르기 때문에 서로의 것을 드러내고 나누는 과정이 필요합니다. 새로운 학기를 시작하기 전 모두 한자리에 모여 각자가 가진 기본적 가치를 공유하는 것이지요. 기본적 가치에는 교사로서의 비전 및 인간상, 바람직한 학교의 모습 등이 포함되며, 이것들이 실제적으로 발현되는 상황 맥락적 요인을 함께 살펴봅니다. 구성원들이 가지고 있는 가치, 철학을 한자리에 모여 공유하게 되면 이는 우리 학교의 핵심 가치로 자리 잡게 됩니다. 이렇게 구성원들이 공감대를 형성한 것을 토대로 우리 학교만의 고유한 비전을 만들어 갈 수 있습니다.

학교에 빛깔 입히기

이렇게 만들어진 비전은 '우리 학교 학생들에게 어떤 교육이 필요한가?'라는 질문으로 교육의 목표와 대상을 초점화시킴으로써 '우리 학교만의 교육'을 그려가게 한다. 그 안에 몸담고 있는 교사들은 실행의 주체로서 우리 학교의 특성을 고려한 결정과 선택을 한다. 공동체의 가치가 반영된 학교비전을 바탕으로 각 학년에서는 가르쳐야 할 목표와 내용을 선정하고 조직하는 학교교육과정을 구체적으로 개발해 나가게 된다. 이는 우리에게 딱 맞는 옷을 찾고 선택하는 과정이며 이로써 다른 학교와 구별되는 독특성이 생겨난다. 우리 학교만의 빛깔을 만들어가는 것이 학교비전으로부터 출발하는 학년별 교육과정 설계이다.

1) 학교비전을 바탕으로 학년별 위계가 살아있는 교육과정 설계

교사들은 한 자리에 모여 학교의 비전과 핵심 가치를 중심으로 각 학년의 학년 미션을 만든다. 하나의 출발선에서 각자의 방향으로 흩어지는 것이 아니라 계속해서 서로의 존재를 의식하고 조율하며 함께 나아가는 팀이 되는 것이다. 이렇게 학교비전을 중심으로 학년교육과정이 연계됨으로써 단편적인 내용의 피상적 교수－학습에서 벗어나 통합된 학교교육을 만들어가게 된다.

이 자리에서 교사들은 한 학년을 마친 후 우리 아이들이 어떤 모습으로 성장하기를 바라는가에 대한 질문으로 학년 미션을 세우게 된다. 학년 미션은 해당 학년의 교육과정 내용체계와 그 학년의 교사 및 학생 특성을 중심으로 만들어지지만, 만들어진 결과를 모두가 함께 공유한다는 데 의미가 있다. 전체적인 맥락 안에서 우리 학년이 추구하고자 하는 바와 교육과정 실행의 구체적인 폭 등을 고려하게 됨으로써 전체를 조망하는 눈을 키우게 되는 것이다. 한 학년의 학생들과 일 년을 만나는 교사가 다른 5개 학년 학생들의 삶을 함께 고려하면서 더 큰 관점으로 학생들을 이해하는 기회를 갖게 된다.

이런 관점을 가지게 되면 우리 학교 학생들의 특성과 지역적 특수성이 교육과정 내용의 조직에 중요한 요인으로 자리 잡게 된다. 우리 학교 전체 학생들에게 적절한 교육과정을 설계하기 위해 교사늘이 교육과정 내용을 위계적이고 논리적 순서에 따라 배열하고자 협력해야 하는 것이다. 학년별로 교육내용이 중복

되는 것을 방지하고 단계적으로 폭과 깊이가 확장될 수 있도록 우리 학교만의 교육과정을 만들어 간다. 이러한 과정은 교사들에게 주어진 교육과정을 전달하는 역할을 넘어 우리 학교 학생들에게 적합한 교육과정을 개발하는 역할을 요구한다. 그러므로 혼자가 아닌 공동체로서 교사가 전문성을 발휘하고 서로에게 자극을 주고받으며 함께 참여해야 하는 것이다.

》 이렇게 해 보았어요

학교비전	삶과 배움이 하나 되는 민주적인 행복 공동체
학년 미션	스스로 서서 주변과 소통하는 행복 공동체를 꿈꾸다

학교비전 해석

· 배움의 책임은 개인과 공동체에 있으며 배움의 공간을 함께 만들어갈 때 삶과 하나가 될 수 있다.
· 삶과 배움이 하나 되는 교육은 나와 관련된 배움이어야 한다.
· 더불어 사는 삶은 주변(친구, 자연, 고장 등)과의 다양한 관계 맺기를 통해 이루어진다.(연대)
· 가장 중요한 건 내가 행복해야 하는 것이다.

학년 교육과정

· 도덕: 성실, 존중, 배려
· 사회: 지역사회(고장) – 나, 가족 중심에서 지역사회로 공동체 확대
· 국어: 독서단원, 시, 낱말사전, 이야기 간추리기, 높임말 등

학년 미션
스스로 서서 주변과 소통하는 행복 공동체를 꿈꾸다.

· 돌봄 부족(맞벌이 가정 多)
· 놀이 공간이 부족
· 주변이 번잡하다.
· 문화시설이 부족하다.
· 순수하다.

학생, 학부모, 지역의 특성

· 글씨 바르게 쓰기
· 기본학습훈련(자기 주도 학습)
· 글쓰기 훈련(생각의 표현)
· 공동체 의식 함양

교사의 관심, 역량, 교육철학

〈학교비전과 학년 미션〉

학교비전	삶과 배움이 하나 되는 민주적인 행복 공동체
핵심 가치	존엄성, 배움, 민주성, 공동체, 행복

	학년 미션	핵심 가치
1학년	같이 내딛는 행복한 첫걸음	공동체, 적응, 배움, 행복, 협동, 나눔, 민주, 공감, 인성
2학년	자연과 더불어 놀며 하나 되는 '행복둥이'	존중, 배려, 참여와 협동, 공감
3학년	스스로 서서 주변과 소통하는 행복한 공동체를 꿈꾸다	자립, 공동체, 소통
4학년	공감과 소통으로 지역사회에 관심을 갖고 참여하는 행복한 우리	공감, 소통, 존중, 배움, 행복, 협동, 나눔, 공동체
5학년	함께 이상을 일상으로 만들어가다!	주인의식, 공동체, 존중, 배움, 민주주의, 책임감
6학년	공감과 존중으로 세상을 향해 함께 나아가는 우리	공감, 존중, 인권, 민주주의, 공동체

〈학교비전에 따른 학년 미션과 핵심 가치〉

교사들은 앞서 설정한 학교비전을 바탕으로 각 학년의 학년 미션과 핵심 가치를 선정합니다. 학교비전을 염두에 둔 교육과정 설계는 공동의 목표를 가지고 교육활동을 실행하는 것이며 이는 교사들이 문화를 공유하는 것을 의미합니다.

학교비전이 교육과정의 실행으로 연결될 수 있도록 학년별 계열(학년 미션)과 그에 따른 각 학년의 내용 범위를 설계하는 것이 필요합니다. 교사들은 학생 실태, 지역 여건, 교사와 학생의 관심, 학년이 끝났을 때의 학생들이 가지길 바라는 모습, 교사의 역량 등을 고려하여 현재 상태를 점검해 봅니다. 이를 바탕으로 국가 수준 교육과정에 제시된 핵심 개념, 일반화된 지식, 성취기준 등의 내용체계를 살펴본 후 학년 교육과정을 개발하는 과정을 거치게 됩니다.

이 모든 과정은 각 학년의 개별성이 살아있으면서도 큰 틀에서는 학교비전을 향해 있는 일관성을 유지하도록 도와줍니다.

2) 학년 미션을 향해 가는 맥락이 담겨 있는 교육과정 설계

지금까지 우리 학교의 구성원들이 공동의 비전을 세우며 '왜'와 '무엇'에 대해 고민하고 결정했다면, 이제는 어떻게 그것을 구현할 것인가에 대한 설계를 학년 미션을 바탕으로 차근차근 완성해 가야 한다. 비전은 학교 전체가 이르고자 하는 최종 목표이고 학년 미션은 그 비전을 이루기 위해 학년에서 구체적으로 해야 할 일들이 된다. 비전을 바탕으로 학년이 전체적인 흐름을 유지하고 학년의 특성을 고려한 교육과정을 운영하게 되는 것이다. 우리는 교사로서 실천할 수 있는 교육과정, 수업, 평가의 방안에 대해 구체적으로 숙의하고 탐구하는 과정을 거쳐야 한다.

국가 수준의 교육과정 내용을 학년 미션으로 연결하는 것이 계획 단계에서 가장 어려운 지점 중 하나일 수 있다. 같은 학년 교사들이 함께 모여 집단지성을 발휘하고 실천적 지식을 공유하며 끊임없는 숙고와 성찰로 교육적 상상력을 펼쳐야하기 때문이다. 원대한 비전과 실제를 만나게 하는 연결고리를 찾는 몫은 가르침의 주체인 교사들에게 있다. 그래서 교사들은 어떠한 구체적 내용과 방법을 통해 이 학년 수준의 학생들이 목표에 도달할 수 있을지를 찾아야 한다. 그것은 한 차시, 하나의 활동으로 만들어지는 것이 아니다. 학생들의 배움과 변화는 일시적인 것이 아니기 때문이다. 일 년이라는 긴 호흡으로 학생들이 성장하길 바라는 모습으로서 큰 그림의 형태를 잡아야 하는 것이다.

학년 미션을 달성하기 위해 나아갈 코스를 결정하고 이를 위한 핵심 과제를 설정한다. 이 핵심 과제들은 학년 미션에 이르는 일관된 주제를 담고 있으며 점진적으로 확장되어 가도록 설정한다. 이것은 교사들이 교육과정에 대해 끊임없이 논의하고 고민하는 과정에서 만들어진다. 교육과정에 대한 숙의는 실행에서 우리가 나아가야 할 방향을 잃지 않게 하는 힘이 된다.

각 학년의 미션은 학교비전을 향해 있고 학년 교육과정의 구체적 내용은 학년 미션을 향해 있다. 교사가 학생들에게 가르쳐야 할 내용은 단편적이거나 삶과 동떨어져 있는 것이 아니라 우리 학교만의 교육적 비전으로부터 출발한 학생들의 삶의 맥락이 살아 있는 큰 흐름을 가진 것이 된다.

〈학년 미션을 향한 주제 흐름 (스토리보드)〉

학생들의 배움이 삶이 지속되는 모든 과정에서 연속적으로 이루어진다는 것을 전제로 주제들이 연결되도록 계획합니다. 학년 미션에 도달하기 위해 살펴보았던 학년 교육과정의 주요 학습 내용을 3~4가지 범주로 유목화하여 주제를 나눕니다. 이는 어떤 과정을 거치며 학년 미션을 달성할 것인가에 대한 큰 그림을 학기 초에 설정하는 것입니다. 이를 통해 삶의 맥락 안에서 학년 미션을 향해 가는 배움의 과정을 지속으로 확인하고 점검할 수 있습니다. 한 학기 학습의 얼개를 짜는 활동은 교육과정 운영을 범위의 확장이나 내용의 깊어짐에 따라 연속성을 가질 수 있도록 설계하는 과정입니다. 주제 내에서 뿐 아니라 주제 간에도 위계와 연결성을 가지면서 학년 미션으로 나아가기 위한 방법이라고 할 수 있습니다.

3) 학년별 협력으로 학교교육과정 연결 짓기

학교교육과정은 학생 경험을 풍부하게 만들어 준다. 학습지나 TV 화면을 통해 간접적으로만 경험했던 교육내용을 생동감 있는 실제 삶의 경험으로 체득할 수 있는 기회를 열어준다. 예를 들어 학생들은 전교생을 대상으로 창업박람회를 개최함으로써 자원의 희소성, 선택과 관련된 경제활동 주제를 실제 삶의 맥락 속에서 배울 수 있게 된다. 이는 학교교육과정을 기반으로 구성원들의 전체적인 협력이 동반되었을 때 가능하다. 박람회에 다른 학년의 참여를 요청하거나 행사 개최를 위한 공간 사용 협의도 사전에 계획해야 한다. 세세한 행정적인 협조나 예산 사용의 조절부터 교육내용에 대한 연결까지 학교의 전체 구성원들이 주체가 되어 설계에 참여해야 하는 것이다. 이는 학교교육과정 안에서 학급, 학년을 넘나들며 교육적 가능성을 확장시킨다. 교사들이 시야를 넓히고 유연한 사고와 행동을 함으로써 학생들의 배움이 더욱 자유롭게 펼쳐질 수 있다. 이러한 교육적 실행이 다시 교사들의 실천적 지식으로 자리 잡음으로써 교육과정의 설계와 실행의 가능성을 확장시키는 선순환의 고리를 만들어 준다.

계획 단계는 이 모든 것들이 가능하도록 직조하는 과정이다. 학교의 구성원 전체가 함께 계획하면 실현 가능한 것들은 그만큼 확장된다. 학급을 품고 학년으로, 학년을 넘어 학교 전체로, 나아가 우리가 살고 있는 지역까지 모두를 배움의 공간으로 삼을 수 있게 되는 것이다.

>> 이렇게 해 보았어요

활동명	활동 내용	시기	비고
의형제 결연	1~6학년 연계를 통한 교육활동	3, 7, 12월	입학, 졸업 축하 등
마을장터	4학년 창업박람회 개최	11월	전교생 참여
아름다운 무지개 세상	2학년 세계문화축제	6월	희망 학년 참여
공간을 바꿔라	5학년 선배가 설계하는 2학년 교실 공간 혁신	9월	2학년 대상으로 제안서 제출

〈학년별 협력을 통한 교육활동 계획〉

교육과정 내용을 설계하는 과정에서 학년 간 유기적 협력이 필요합니다. 각 학년에서 주도적으로 진행하는 교육활동을 다른 학년에서 도와주거나 참여하는 것을 이때 조율하고 결정합니다. 교육과정 내용의 운영 시기, 공간 사용, 예산 확보 등 교육과정 실행을 위한 제반사항을 사전에 살펴보고 조정함으로써 교육과정을 내실 있게 운영할 수 있는 기반을 다져줍니다. 또한 다른 학년과 연계한 활동을 우리 학년 교육과정내용에 연결하여 진행함으로써 학생들의 교육적 경험을 더욱 다양하게 만들어 줍니다. 학생들은 학교에서 실시하는 행사를 일회적이고 수동적으로 참석히는 것으로부디 벗이니 연속된 흐름 속에서 능동적으로 참여하게 됩니다.

우리 학교만의 빛깔로 눈부시다

학교교육과정은 순환적으로 이루어진다. 문제발견과 계획, 실행, 성찰의 과정이 반복되며 각 과정 안에서도 끊임없는 구성원 간의 역동적 상호작용으로 변화한다. 그리고 이 모든 과정은 우리가 처해 있는 상황 맥락적 특성과 각 개인의 특수성에 영향을 받는다. 우리 학교의 모습인 빛깔을 결정하는 것은 그 안에 있는 구성원들의 몫인 것이다. 그래서 교사들은 한 자리에 모여 우리 학교의 방향성과 맥락을 확보하는 설계도를 작성한다. 우리가 원하는 것과 하고자 하는 것을 공유하고 합의한다. 사적인 바람이 아니라 공공성을 확보한 학교 조직의 지향점을 그려보는 것이다.

계획의 가치는 완벽함이나 고정불변에 있는 것이 아니라 그 안에 담긴 구성원들의 목소리에 있다. 학교교육과정 계획에 포함된 구성원들의 참여는 이미 실전에 나선 이들의 적극적 행동이다. 계획은 교사들의 자발적 참여와 주도가 발현되는 과정으로서 가치가 있다. 학교교육과정에서의 계획은 의미 없는 소수의 전유물이 아니다. 교사 모두가 우리 학교의 특수한 상황과 맥락을 고려하여 실행을 위한 계획을 함께 세우는 것이다.

교육과정의 설계는 실제성에 기반 하기에 비체계적인 측면이 있다. 그러한 복잡한 환경 속에서 어떻게 학교비전을 공유하고, 학년 미션을 통해 어떻게 교육과정의 시퀀스와 스코프를 연결할 것인가와 같은 것을 계획 단계에서 합의한다. 충분한 의사소통 과정 속에서 형식과 체계를 갖추어 가는 것은 우리 학교만의 고유한 빛을 내는 큰 그림을 그려가는 과정이 된다.

새로운 구성원들이 소외감을 느낄 때?

전국 대부분의 초등학교는 공립학교의 특성상 매년 구성원들이 변한다. 그렇다고 모든 구성원이 한꺼번에 바뀌는 것은 또 아니어서 기존에 근무했던 사람들 사이에 새로운 사람들이 합류하는 방식으로 팀원이 꾸려지게 된다. 그렇다 보니 새 학년의 시작이 누군가에게는 익숙한 사이클의 반복이고 어떤 이에게는 전혀 낯선 환경에서의 고군분투 생존기가 되기도 한다. 물론 교사들은 이와 같은 과정을 교사라는 직업의 숙명이라 여기며 새로운 환경에 적응해 간다. 새로운 교사들이 이러한 적응의 시간을 최소한으로 줄이고 학교를 함께 만들어가는 구성원으로 자리 잡을 수 있도록 학교와 관련된 전반적인 사항을 안내하는 것이 필요하다. '알아두면 쓸모 있는 ○○생활'과 같은 안내서를 만들어 공유하거나 오리엔테이션 자리를 갖는 것이다. 기존의 구성원들은 당연하고 익숙해서 생각조차 못하는 것들이 새로운 사람들에게는 넘어야 할 장벽이 되기도 한다. 사소해 보이기도 하고 그래서 놓치기 쉬운 이런 부분에 대한 배려가 새로운 구성원들이 느낄 수 있는 소외감을 줄이고 팀으로서 함께 나아가는 데 동력이 될 수 있다.

학년 운영, 업무 분장 과정에서 구성원 간 미묘한 시각차가 발생할 때?

학년의 시작을 앞두고 이루어지는 계획은 실행만큼 치열하다. 학교의 큰 그림인 비전을 그리는 것이 계획에서의 핵심이지만 그것을 바탕으로 구체적이고 현실적인 부분을 합의하는 것도 이 과정의 중요한 지점이다. 수업 시수, 교과 전담 시수, 특별실 사용 시간, 점심시간, 예산 배분 등 실제 일 년 살이의 세부 사항을 이때 모두 결정하게 된다. 시간과 공간, 사람을 포함한 한정된 자원을 6개의 학년이 공유해야 하기 때문에 그 안에서 입장차가 필연적으로 발생하게 된다. 이것을 어떻게 조정하고 합의하느냐가 교육과정 운영 성패에 강력하게 영향을 미칠 수 있다. 겉으로 잘 드러나지 않지만 이때의 미묘한 감정적 부딪힘이 구성원들의 신뢰 구축을 방해할 수 있고, 첫 단추를 잘못 끼운 것과 같은 부정적 영향을 끼칠 수 있기 때문이다. 따라서 이 과정에서 놓치지 말아야 하는 것은 '공정'과 '윤리성'이다. 리더나 퍼실리테이터는 결정의 근거가 되는 데이터를 투명하게 공개해서 구성원들이 공유하고 수긍할 수 있는 자리를 마련한다. 그리고 모든 일이 완벽하게 공평할 수 없다는 것을 인정하고 집단의 윤리와 규범에 기반한 논의가 이루어질 수 있는 분위기를 형성하는 것이 중요하다. 계획은 일상적 관계에서 정교하게 신뢰를 구축하는 과정이어야 한다.

학교교육과정 계획에서 관리자의 역할은?

　기존의 학교비전은 관리자와 일부 교사가 중심이 되어 수립하고 일반교사들에게 전달하는 일종의 지침에 그치는 경향이 있다. 뿐만 아니라 일반적이고 추상적인 내용을 비전으로 삼음으로써 전국의 모든 학교가 동일한 구호를 담고 있는 형식적 문서에 머물기도 했다. 하지만 학교의 모든 구성원이 함께 숙고하고 참여하여 의미를 담아내는 학교비전은 분명한 빛깔을 가진다. 관리자가 공표하고 구성원들은 받아들이기만 하는 비전이 추진력을 갖기는 어렵다. 구성원들 각각의 마음에 살아있는 비전이 되기 위해서는 그들이 주체가 되어 함께 만들어야 하는 것이다. 관리자는 교사들이 자신의 목소리를 낼 수 있도록 자리를 마련해 주어야 한다. 관리자가 열린 마음으로 구성원들의 이야기를 듣고 합리적 의사결정 과정을 함께 만들어 간다면 구성원들은 관리자에게 신뢰와 지지를 보내며 학교교육과정의 모든 과정에 적극적으로 참여할 것이다.

3 실행: 교육과정을 한다는 것, 그 치열함

학교교육과정 프로세스
문제발견 → 계획 → **실행** → 성찰

교육과정이란 무엇일까? 이 질문에 대한 답은 각자의 관심 또는 교육철학, 어떤 위치에서 이야기하는지에 따라 달라진다. 따라서 교육과정을 계획할 때의 교육과정과 교육과정을 실행할 때의 교육과정은 다른 개념이 된다. 교육과정 계획은 학습자의 경험을 선정하고 방법을 검토하고 결정하는 활동이다. 반면 교육과정 실행은 배움과 가르침의 실제로서 수업을 통해 계획이 구현되는 교사의 실천적 활동이다. 이러한 개념과 활동의 차이로 인해 학기 초에 계획된 교육과정 문서의 '이상'과 교실에서 이루어지는 수업이라는 '현실'의 괴리가 발생한다.

결국 교육과정 실행의 본질적인 어려움이 발생하게 되는데 그것은 '우리가 계획했던 대로 되는 것이 하나도 없다.'라는 것이다. 학년말부터 시작한 교사들의 고민과 숙의를 통해 계획된 교육과정이 교실에서 계획대로 실행되지 않는 것이다. 따라서 실행에서 교사들은 학생들과 함께 부대끼며 살아내야 하는 리얼(real)을 경험한다.

시어도어 루스벨트(Theodore Roosevelt)는 "관중석에 앉아서 선수가 어떻게 발을 헛디뎠고 어떻게 하면 더 잘할 수 있는지 지적하는 비평가가 중요한 것이 아니다. 업적은 경기장 안에서 얼굴이 먼지와 피, 땀으로 얼룩진 이에게 돌아가는 것이다."라고 했다. 교육과정의 실행에서 교사와 학생은 그야말로 경기장의 투사가 된다. 그만큼 교육과정 계획을 행위로 옮기기가 쉬운 일이 아니다. 더욱

이 계획을 함께하지만 실행은 교실에서 각자에 의해 이루어지는 현실임을 감안할 때, 의도된 변화와 성공이 일치하는 거의 불가능하다.

따라서 교사들은 교육과정을 운영하면서 교실과 학년에서 다양한 변수와 상황에 따라 시시각각 수정하고 실행하는 작업을 반복하게 된다. 실행은 선형적으로 운영되는 것이 아니라 반복적으로 재탐색 되고 재설계 된다.

무엇부터 시작할 것인가, 계획과 실행의 차이를 받아들이기

교육과정 실행은 3월부터 학년이 끝날 때까지 지속된다. 이 과정에서 교사의 주된 일은 수업이다. 수업은 학교의 가장 핵심적인 일이고 곧 교육과정의 실천이다. 학기 초에 계획했던 학교교육과정과 학년 교육과정은 교육과정 실행을 위한 지도이다. 지도는 우리가 여행을 떠나기 전 예측할 수 있는 것들을 보여주는 일련의 계획과 개관이다. 그러나 이 지도는 실제를 모두 보여줄 수 없고 모든 것을 예측하여 표시할 수 없기에 실제와는 차이가 있다. 따라서 실제 교육과정의 실행에서는 교사 자신의 지식이 필요하다.

교육과정을 운영하는데 다양한 수업 기술, 교육과정 설계기술, 법령 등에 대한 지식이나 경험이 필요하다. 이러한 지식은 교사가 받았던 연수, 동료와의 대화, 과거 가르쳤던 경험 또는 자신이 학생 시절 배웠던 것을 통해 습득된다. 이 지식은 교사 나름의 시행착오와 익힘의 과정을 통해 형성된다. 따라서 계획된 교육과정을 읽고 해석할 때, 교사들은 각자 다르게 읽고 해석한다. 함께 만들었던 교육과정이 교사마다 다르게 읽히고 해석되어 각 교실의 수업 또한 다르게 실행되는 것은 필연적이다. 우리가 교육과정을 처음 계획할 당시에는 학교 및 학년이 같은 방향을 가지고 같은 수준의 실행을 할 수 있을 것이라 가정하지만 결과적으로 실행은 교사와 학생의 상호작용에 따라 달라진다.

교육과정 실행을 여행에 비유해보면 계획했던 여행의 코스는 있으나 잠시 벗어나 다른 곳을 들르거나, 예상치 못한 누군가를 만나 코스를 변경하기도 한다. 이때 우리는 여행경로를 수정하여 우회하기도 하고 때로는 일정을 조정하기도 한다. 결국 여행 계획과 최종 여행 결과는 달라진다. 이처럼 교육과정 계획은 상황과 맥락, 구성원들의 의견 등에 따라 언제나 수정된다. 실제는 늘 어렵고 복잡한 변수가 존재한다. 따라서 교육과정 실행도 계획할 때와 마찬가지로 끊임없는 점검과 공동의 노력이 필요하다. 이는 실행의 일관성을 확보하는 측면과 실행 상의 어려움을 공유하며 문제를 함께 해결하는 효과성의 측면 모두에 필요하다.

학교 구성원 모두가 공동의 학교비전을 갖고 실행하는 학교교육과정에서는 특히 실행과정에서의 공유가 서로의 성찰과 분석을 촉진할 수 있다. 교사들의 교육과정 실행 중 협의는 계획 당시 예측하지 못했던 실질적인 문제에 대한 대안을 마련할 수 있게 한다. 또한 교육과정에서 발견되는 학생들의 특성과 요구, 교사들의 전문적인 판단을 추가하여 좋은 수업을 위한 상상력과 창의력을 동원한 실천적 지식을 발현할 수 있다. 협의회를 통해 동료 교사들이 갖는 교육과정 실행 노하우를 공유하고 자신의 교육적 감, 순간적인 판단, 직관 능력, 임시변통하는 전문성이 발현되는 순간이 교육과정 실행이라고 할 수 있다.

어떻게 함께 할 것인가,
신뢰를 통해 함께 만들어가는 학교교육과정

교사라면 누구나 좋은 수업을 꿈꾼다. 최고의 수업사례와 다양한 수업 기술 등이 우리 교육 현장에서 공유되고 그 비법에 대해 궁금해하는 것을 볼 수 있다. 그래서 학교교육과정의 실행에서도 분명 뭔가 그 학교만의 특별함이 있을 것이라 상상할 수 있다.

중앙집권적 국가교육과정 시스템으로 인해 획일화된 학교교육과정이 운영되고 있는 상황에서도 많은 학교와 교사들은 우리 학교만의 교육과정 실행을 꿈꾸고 그 실현을 위해 노력한다. 실행은 우리가 원하는 것을 하는 것이다. 교육과정 실행에 있어서 두 가지 주요 관심사는 의도와 행위 사이의 조화, 그리고 실행의 과정에서 교사가 가지고 있는 교육과정 지식을 적용하는 것이다. 교사는 의도를 행위로 변형시킬 유일한 사람이다. 따라서 실행과정은 교사가 학교교육과정에 동의하고 있는지 그 교육과정을 실행시킬 의지가 있는지가 중요한 요인으로 작동한다.

결국 교육과정 실행을 위해서는 이 요인이 잘 작동할 수 있도록 어떻게 시스템으로 구축하는가와 어떻게 교사의 내적 동기를 부여하여 교육과정 실행에 대한 의지를 갖고 실행에 참여하도록 하는가가 중요한 지점이다. 실행은 단순히 교사가 학교비전과 교육과정 계획안에 동의한다는 믿음 또는 교육과정을 함께 설계하는 워크숍 참석 여부에 따라 수행이 결정되는 것은 아니다. 교육과정의 주체가 된다는 것은 교사로서 국가, 지역, 학교의 맥락을 살펴 학생을 위해 가장 좋은 경험을 판단하는 재량권과 책임을 갖는 것이다. 즉, 교육과정 실행을 위해서는 교사가 교육과정에 대한 전문성을 발휘할 수 있는 시스템을 구축하여야 한다. 이는 교사의 교육과정 실행 전문성을 신뢰하는 것이며 그것을 만들어내는 과정에 대한 신뢰이다.

1) 교육과정 실행을 위한 기초, 교육과정 지원팀(업무 지원팀)

교사의 과도한 행정업무는 교사들이 교육과정 운영과 생활교육에 전념하지 못하게 하는 요인이다. 교육과정 실행에 전념해야 할 교사들이 행정업무를 처리하느라 시간을 보내고 자신의 교수를 개선하기 위해 연구에 할애하는 시간은 턱없이 부족하다. 성공적인 교육과정 실행을 위해서는 연구와 실험의 시간, 변화를 위한 기술, 지역과 학교의 지지와 교사들의 업무를 개선하고 지원할 수 있는 시스템이 필요하다. 이러한 지원 시스템으로 도입된 것이 교육과정 지원팀이라고 할 수 있다.

> 아시다시피 저희가 교육과정 지원팀이 있잖아요. 담임 선생님들이 학교에서 따로 맡는 업무가 없으신 거예요. 그러니까 거기에 대한 부담이 줄죠. "아유 부장님, 저희는 업무 없는데요." 이런 말 많이 하셔요. 진짜로 "업무 없는데요, 뭐." 아, 그게 참 크구나. 교육과정 지원팀 4명 역할이 참 크다는 생각을 했어요.
>
> (F교사 심층면담 중에서)

위 교사는 교육과정에 집중할 수 있도록 지원하는 행정 체제로 인해 교육과정에 자발적으로 참여하고 있음을 인식하고 있다. 수업의 성공은 교사의 자발성과 전문성에 기인한다. 교사 행위의 핵심인 교수 행위에 전념할 수 있도록 업무를 전담하는 교육과정 지원시스템을 구축하는 것은 교육과정 실행의 질을 향상시키는 첫걸음이다.

구슬이 서 말이라도 꿰어야 보배가 된다. 교육과정 계획이 구슬이라면 교육과정 실행은 구슬을 꿰는 행동이라고 할 수 있다. 학생들의 배움이라는 보배가 완성되려면 교육과정을 실행할 수 있는 실과 바늘이 필요하며, 그것을 할 수 있는 시간이 필요하다. 교사들이 교육과정을 실행할 수 있는 시간을 확보하고 더 좋은 수업이 될 수 있도록 체계적으로 지원하는 것, 그것이 계획을 현실로 만드는 출발점이다.

≫ 이렇게 해 보았어요

교육과정에 집중하는 학교문화를 위해서는 교사들의 성찰과 협업을 위한 시간이 필요합니다. 이를 확보하기 위해 혁신학교를 중심으로 교육과정 지원팀, 즉 교육과정 지원조직을 꾸리게 되었습니다. 대부분 몇 명의 부장교사와 보조 인력 등이 포함된 교육과정 지원팀이 학교의 전반적인 업무를 맡고 그들의 수업 시수는 일반 교사보다 적은 구조입니다. 교육과정 지원팀을 운영하면 담임교사들이 행정업무에서 벗어나 교육과정에 집중할 수 있는 시간과 여력을 갖게 됩니다. 이를 통해 교사들은 학년 협의 시간, 교육과정 연구 및 개발 시간, 수업 준비시간을 확보할 수 있습니다. 또한 교육과정 지원팀을 운영하면서 서로 협업하며 불필요한 업무를 없애거나 간소화하기 때문에 학교의 모든 교사가 업무를 나누어서 수행하는 것보다 효율적입니다. 그러나 자칫 몇 명의 교사들에게 희생을 강요하고 있지 않은지 살펴야 합니다. 이를 위해서는 매년 업무 평가회의를 통해 교육과정 지원팀의 업무를 조정하고 지원팀의 구성을 순환 배치할 수 있도록 시스템을 구축해야 합니다. 또한 교육과정 운영을 위한 실질적인 활동과 행사를 위한 예산은 학년에 이관하여 부서별 예산이 아닌 학년별 예산을 확대해야 합니다.

부서	업무명	업무 내용	담당자
교감	관리	교원인사, 교원복무, 계약제교원관리, 각종위원회관리, 교원포상, 교권보호, 청렴교육, 공무원행동강령, 국가안보, 중요연수 안내, 보결	교감
교육과정지원부	교무혁신	교육과정기획운영 및 평가, 행복배움학교 운영, 마을학교 운영 총괄, 생활기록부관리, 의식행사, 교과서 선정, 학칙 및 제규정관리, 연혁관리, 학교평가, 교원단체, 교육기부, 창체동아리, 학부모회 운영 지원, 학부모교육, 진로교육, 영어마을, 영어교육, 어학실 관리, 원어민관리	부장교사
교육과정지원부	교무보조	입·퇴학업무, 학교일지, 문자(SMS)발송 및 가정통신문 탑재, 교과서, 기타 교무업무지원, 교무업무시스템관리(NEIS), 교무회계업무	실무사
역량강화복지부	연구기획	연구기획운영, 전문적학습공동체 총괄, 학교특색 및 노력중점, 지구별자율장학, 교내장학(수업나눔 및 협의) 교육복지사업총괄(돌봄교실 기획 등),평가, 교원능력개발평가, 각종연수 운영, 기초학습(학습맘 강사), 문화예술교육(국악)	부장교사
역량강화복지부	교육복지	교육복지사업관리, 교육급여, 두드림학교 운영, 위클래스 상담	교육복지사
역량강화복지부	독서교육 및 행사관리	도서관운영, 독서교실운영, 독서교육 및 행사, 사서도우미 조직 및 운영, 장학자료	사서
방과후융합부	방과후·과학,정보기획	방과후 기획 및 위탁기관 운영 및 관리, 과학융합교육, 자율동아리, 컴퓨터실 운영관리, 정보통신윤리교육, 저소득층PC지원, 정보공시, 사이버e스쿨, 방송시설 및 방송반 운영. 홈페이지관리, 교육용 SW관리, 개인정보보호, 전산실운영, 일반자료 관리	부장교사
방과후융합부	방과후교육행정지원	방과후 일반(학생관리, 학부모 상담) 운영, 자유수강권 관리/회계업무지원, 학내망 관리/시설교구관리(시설대여, 물품구입관련)/ 녹색교통봉사대 조직 및 관리	행정실무원
방과후융합부	과학보조	과학실운영, 과학업무지원(학습준비물, 정보소모품), 폐휴지관리	실무사
민주시민체육부	민주시민, 윤리, 체육기획	부서 총괄 기획, 생활교육(학교폭력예방), 민주시민교육(학생자치), 상담주간운영 봉사활동, 환경정화구역, 배움터지킴이, 안전교육 일반(소방교육)/수영교실, 스포츠클럽(1~6학년), 운동부(축구부)지도(대회계획 및 관리, 청렴 연수, 지도자 계약 및 급여 관리), PAPS	부장교사
민주시민체육부	강당, 체육창고관리	스포츠클럽대회(교외)선수 지도, 다목적강당관리, 체육창고 및 체육자료실 관리	스포츠강사

〈○○학교 업무분담 조직〉

2) 교육과정 실행을 지속하게 하는 힘, 전문적학습공동체

교육과정 실행은 긴 과정이다. 1년의 과정이기도 하고 교사들에게는 교직 생애 내내 이루어지는 일이다. 그러나 아쉽게도 교육과정 실행을 모든 교사가 같은 수준으로 하는 것은 아니다. 교사의 교육과정 실행 수준은 교사의 전문성, 열정, 연수, 자료 등 교사의 내적·외적 요인에 의해 영향을 받는다. 이와 같은 교육과정 실행의 간극을 극복할 수 있는 방법이 전문적학습공동체이다. 전문적학습공동체는 댄 로티(Dan C Lortie, 1975)의 '교직과 교사'라는 저서에서 처음 등장한다. 로티는 교직 사회를 개인주의, 현재주의, 보수주의로 구분했다. 교사들은 동료로부터 고립되어 '당장 오늘 수업'을 중시하며, 정책과 학교의 변화보다는 우리 반을 잘 감당하려는 성향을 보인다고 했다. 전문적학습공동체는 개인주의 문화를 협력적인 문화로 개선하기 위해 제안되었다.

교사들이 '계란판 구조의 교실'에 고립되어 우리 반과 당장의 수업에 집중한다면 교직의 변화와 발전은 요원하다. 교사는 교육에 관한 전문적인 지식과 기술을 통해 학생들의 전인적 발달을 도모하는 교육의 전문가이다. 전문직은 끊임없는 연구, 교육, 훈련을 거쳐 전문가로서 공인을 받고, 그 공인을 바탕으로 윤리적 의식과 실천을 자율적으로 수행하게 된다. 또한 자신의 전문분야를 개선하기 위해 노력한다. 이러한 전문적 행위를 혼자 하는 것은 불가능하다.

전문적학습공동체는 교사들이 함께 문제를 해결하고, 윤리적 실천과 자율적 수행을 이루기 위한 연구 조직이자 전문가들의 협력 조직이라고 할 수 있다.

표정이 좀 달라졌어요. 모이는 게 즐거우신 거예요. 연세 드신 남자 선생님은 본인이 뭘 기여하실까를 자꾸 찾으셨어요. 작년에는 연수실도 거의 같이 안 앉아 계시고 학습자료 공유도 인하시고 그랬는데 이번에는 텃밭 할 때 "내가 이거 지지대 찾아올게. 하드웨어적인 것은 내가 다 할 수 있어."하고 내가 이 정도는 우리 학년에 기여해야 겠다는 것을 찾아내시는 것 같아요.

(E교사 심층면담 중에서)

함께 실행한다는 것은 같은 분야의 일을 단순히 나누어 맡아서 하는 것이 아니다. 서로의 어려움을 공유하고 자신의 역량을 통해 서로에게 기여하는 것이다. 전문적학습공동체는 예의를 갖추고 서로의 관심을 나누는 곳이다. 이러한 공유와 관심, 적절한 경계는 구성원을 존중하는 방식이며 구성원들의 자발성을 불러일으킨다. 빨리 가려면 혼자 가고 멀리 가려면 함께 가라는 말이 있다. 교육과정 실행이라는 먼 길에 전문적학습공동체는 자발성을 통해 지속하게 하는 힘으로 작용한다.

또한 교육과정 실행의 변화는 교사로서의 삶의 자세를 변화시킨다. 교육과정 실천은 단편적이고 일회적인 순간의 경험이 아니라 삶의 과정이고 성장의 연속이기에 교사들은 교육과정 실행을 통해 배움을 경험한다. 교사들 사이에서 일어나는 배움의 진정성은 경험의 재구성을 통해 삶에 전이될 때 발견된다. 교사들 간의 협력적 학습이나 적용, 반성적 대화나 모니터링 활동을 경험하는 것, 그것이 어떤 의미인지 경험하는 것은 교사로서 배움을 실천하고 있음을 확인하는 것이며 이는 삶의 경험을 재구성하는 것이라고 할 수 있다. 이는 필경 가르치기만 했던 자에서 가르치며 배우는 자로서의 교사가 되는 삶의 변화를 경험하게 한다.

전문적학습공동체와 학년 협의 시간이 같이 운영될 수 있도록 구성합니다. 학년별 주제는 학년 교육과정과 밀접한 주제로 선정하고, 같은 학년 선생님들이 참여할 수 있도록 고정된 시간을 확보합니다. 전문적학습공동체는 조직을 넘어 실질적인 활동이 이루어져야 하므로 시간과 공간, 예산 확보를 위한 노력이 필요합니다. 또한 교육과정에 대한 협의가 실제적인 교육과정으로 실현될 수 있도록 학년 예산을 충분히 배정합니다. 학년에서 자유롭게 사용할 수 있도록 예산에 대한 권한을 부여합니다.

유형	참여 인원	공동체명	활동 주제
학년형	6	같이 노는 교실	친구들과 함께 노는 창의 인성 교구놀이 연구
학년형	6	놀까쌤(놀이로 가르치는 쌤들)	자연 놀이 중심 프로젝트로 아이들과 행복나누기
학년형	6	함께 성장하는 교사 공동체 쌈(3)쌤	백워드 설계를 기반으로 한 주변과 소통하는 행복한 공동체
학년형	6	책과 노니는 교실	백워드 수업설계에 의한 온작품 읽기 연계 프로젝트 수업 연구
학년형	7	보석상자	미덕교육을 바탕으로 한 초등 고학년 인성교육
학년형	7	공존인	백워드 수업설계를 기반으로 한 공감, 존중, 인권 프로젝트 수업연구

〈같은 학년 단위로 구성된 전문적학습공동체〉

학년 단위 전문적학습공동체는 학년 간 협의와 교사의 전문성 신장이 동시에 가능한 구조입니다. 학년의 주제에 맞게 교재 구입비, 교육과정 실천을 위한 학생지원 예산, 같은 학년 선생님들 간의 협의회비 등 예산지원이 필요합니다. 이와 함께 같은 학년 협의 사항을 기록할 수 있도록 학년별 노트북을 지원하여 협의 사항을 누가 기록하여 실행을 점검할 수 있도록 합니다. 특별한 양식은 필요 없지만 작은 사항도 기록하면 과정을 기억하는데 도움이 됩니다. 특히 학년 전문적학습공동체의 주제와 학년 교육과정의 내용을 일치시킨다면 같은 학년 협의와 전문적학습공동체 활동을 구분할 필요가 없게 됩니다. 학년에서 한 명씩 돌아가며 기록자를 정해 노트북에 바로 기록하고 이것을 모아 같은 학년이 어떻게 한 학기를 보내고 무엇에 집중했는지 내용을 분석할 수 있습니다.

3) 교육과정 실행을 통해 전문가로 성장하다, 수업 나눔

교육과정과 수업은 동전의 양면과 같다. 수업은 교육과정의 역동적 양상으로 나타난다. 교실에서 구현될 수업을 상상하며 교육과정을 계획하고, 계획된 교육과정이 구체적으로 드러나는 것이 수업이다. 학교교육과정 운영에서 수업을 나눈다는 것은 함께 상상하며 만든 수업이 어떻게 구현되는지 공유하는 것이다.

교사의 수업 나눔은 수업 성찰의 시간이다. 수업 성찰을 통해 교사는 자기 수업에 대해 고민하고 문제를 발견하며 해결하게 된다. 수업 나눔은 수업 성찰을 개인에서 공동의 문제로 바꾸어준다. 수업은 교실에서 이루어지는 개인적인 영역이었다. 개인적 영역인 내 수업을 타인에게 드러내는 것은 큰 결심을 해야 하는 일이다. 그래서 수업을 공개할 때 평소와는 달리 많은 준비를 하고 교실 문을 열기도 한다. 이는 자신이 평가의 대상이 될지 모른다는 내면의 두려움과 수업 나눔을 평가의 도구로 사용해왔던 문화가 합쳐져 나타난 현상이다. 그리하여 수업 나눔을 부담스러워하고 회피하게 되는 것이다.

이러한 수업 나눔에 대한 부담을 완화하기 위해서는 학교교육과정 실행의 주체인 교사가 성장할 수 있는 기회가 되도록 만들어야 한다. 수업 나눔이 평가의 장이나 사적 영역으로 치부되지 않고 상호 성장의 도구가 되려면 수업 나눔의 시기, 방법, 기간 등을 학년 자율에 맡겨야 한다. 수업 나눔 계획을 업무 담당자 입장에서 수립하다 보면 학년 행사와 교사들의 준비도를 고려하지 못할 수 있다. 또한 교사들이 수업 나눔을 충분히 할 수 있도록 기간을 넉넉히 주어 성찰협의회가 다음 수업에 반영될 수 있도록 하면 상호작용하여 수업 나눔이 교육과정 운영을 풍부하게 할 수 있다.

> G초등학교에서는 같은 학년 협의회 때 교육과정 실행 시 생기는 고민들을 이야기 나눈다. 반의 분위기에서부터 같은 학년과 함께하고 있는 주제학습까지 고민은 다양하다. 고민을 해결하기 위해 같은 교육과정을 운영하는 타인이 본인의 수업을 봐주길 희망한다. 그럴 때마다 학년에서 전담과목 수업이 있는 시간에 한두 명씩 가서 원하는 부분을 보고 이야기한다.
>
> (K교사 성찰일기 중에서)

위 사례의 학교는 본격적인 수업 나눔 전에 교육과정 실행 중 발생하는 고민을 나누는 교사 간 교류가 활발했다. 즉, 수업 나눔을 행사를 치르는 형식이 아니라 교육과정을 실행하며 고민의 해결 방안으로 활용하게 된 것이다. 교육과정 실행 중 교류는 일방적인 전달이 아닌 자율성을 동반한 공유이며, 지식과 정보를 나누어주는 자료 대방출이 아니라 문제를 공동으로 해결하는 탐구의 과정이다.

누구나 본인의 교육과정 운영이나 학급 운영에 있어 도움을 받고 싶은 부분을 말할 수 있고 여유로운 시간을 이용해 수업을 들여다보는 자연스러운 초대와 관여가 시작되는 것이다. 그렇게 서로가 서로에게 도움을 주기 시작하면서 일상 수업을 드러내는 것에 대한 거부감이 줄어들고 그것이 수업 나눔이 되면서 일상 수업과 수업 나눔의 경계가 허물어진다. 이는 교사들 사이에서 일어나는 학생의 배움에 대한 관심과 이야기를 진지하고 깊게 나누는 대화에서부터 시작된다.

학교교육과정의 질은 교사들의 교육적 대화가 수시로 일어날 때 담보된다. 수업 나눔은 수업 공개를 넘어 수업에 관한 진지한 교사들의 대화, 공동의 문제 해결의 경험이다.

》 이렇게 해 보았어요

전담(영어)	사전협의 (15:30)	공개수업 (6교시)	사후협의 (15:30)
전담(영어)	5/17(금)	5/22(수) 3교시	5/23(목)
5-1	5/23(목)	5/29(수)	5/30(목)
5-2	5/30(목)	6/5(수)	6/7(금)
5-3	6/7(금)	6/12(수)	6/13(목)
5-4	6/13(목)	6/19(수)	6/20(목)

〈20○○년 5학년 동료장학 및 수업협의 일정〉

동료장학 일정을 살펴보면 5월부터 6월까지 한 달 동안 진행됨을 알 수 있습니다. 또한 사전협의회와 사후협의회가 배치되어 앞반의 수업이 뒷반 수업에 영향을 줄 수 있도록 구성되어 있습니다. 교원능력개발평가를 위한 도구로서 1회성 수업 공개가 아닌 수업 나눔을 통한 성장이 되기 위해서는 실질적인 전문적학습공동체의 운영이 필요합니다. 수업 공개를 주제로 한 달 동안 진행되는 같은 학년의 전문적학습공동체 활동을 통해 교육과정 계획이 실제로 운영되는 것을 확인할 수 있습니다. 또한 상호 피드백을 할 수 있는 실질적인 기회를 제공하는 시간이 됩니다.

4) 교육과정 실행을 완성하다, 교육과정 수정

교육과정 실행은 개별 학생들의 차이, 시공간적 변화와 제약, 심지어는 교사 자신에게 일어나는 변수 등 예상치 못한 요소들이 곳곳에 도사리고 있는 비밀 상자에 비유할 수 있다. 교사들이 모여 다양한 변수를 고려하고 대안을 마련해도 교실에 들어가면 그 이상의 변수가 나올 수 있는 곳이 교실 속 풍경이다.

이러한 특성과는 달리 대부분의 교육과정 개발 모형은 연역적이다. 학교교육 과정을 개발할 때 비전을 바탕으로 학년과 학급의 목표를 설정하고 학습 내용이나 활동을 선정하는 과정을 거치는 것이다. 그러나 수업은 그렇게 합리적이지도 연역적이지도 않다. 여러 내용이나 활동이 하나의 목적에 연결되어 있기도 하고, 서로 다른 목적이 하나의 내용이나 활동을 통해 달성되기도 한다. 또 하나의 활동이 서로 다른 여러 개의 목적에 연결되기도 한다(Meyer, 2011). 이런 실행의 특성이 교사를 난감하게 한다. 11월부터 숙의하고 합의한 교육과정이 그대로 실행되지 않는 것, 그 과성이 의미 있는 과정이었는지에 대한 의문이 생기는 것이다. 실행은 그 의문을 품고 끊임없이 교육과정의 의미를 발견하고 부여하는 과정이라고 할 수 있다.

> 우리가 하고 있는 수업이 백워드 기법인데 학생들이 잘 따라오지 못해서 고민이 좀 있다. 아이들이 이런 수업을 해 보지 않아서 잘 따라오지 못하는 것 같다. 그러나 아이들이 따라오지 못할 때 다시 돌아가 내용을 가르치는 것을 통해 아이들이 조금씩 달라지는 모습을 보며 긍정적인 변화를 발견했다. 이번 수업이 그 긍정적인 변화를 잘 볼 수 있어서 좋았다. 또한 이번 수업을 준비하며 지금까지 아이들에 대한 기대 수준이 낮아 생각하고 고민하는 수업들을 많이 하지 않았다는 생각이 들었다. 그래서 아이들에게 그런 경험이 부족하다는 생각이 들었다.
>
> (H교사 성찰일기 중에서)

교사는 수업 과정에서 계획을 끊임없이 점검하고 수정한다. 교사는 수업을 치밀하게 계획하지만 실제 수업 과정에서 학생들이 잘 따라오지 못한다는 느낌을 받을 때가 있다. 이때 교사들은 학생들의 문제가 무엇인지 다각도로 파악한다.

수업 방식에 대한 낯섦, 친구와의 관계, 오개념 등 학생들이 가진 다양한 원인이 무엇인지 파악하고 이에 맞는 방식으로 다시 돌아가서 가르침을 반복한다. 학교 교육과정을 실행하다 보면 처음 계획과 우리 반, 우리 학년 학생들 사이의 간극을 알게 된다. 그때 교사는 학생들이 정작 활동을 왜 하고 있는지 그 활동이 내포하고 있는 지적 의미나 성찰 없이 단순한 재미에 시간을 보내도록 하는 것이 아닌지 수업 과정을 점검한다. 이러한 점검과 성찰을 통해 교사들은 자신의 수업을 개선하고 교육적 목표를 달성하기 위해 교육과정을 수정한다. 따라서 교육과정 실행은 학사 일정, 교육과정 진도표로 인식되는 고정된 것이 아니라 진정한 이해를 위한 도움의 과정, 언제나 수정 가능한 계획안으로서 인식된다.

이처럼 역동적인 교육과정의 수정과 변화는 교사가 교육과정에 있어서 처방된 방식으로 행동하는 것이 아니라 교육내용을 가르치는 동안 발휘되는 교사의 교수적 추론을 합리적으로 실행하는 것이다. 필연적으로 계획은 변화를 따르지 못한다. 교육과정 실행은 계획을 그대로 수행하는 것이 아니라 하면서 만들어가는 것이다. 실패를 두려워하지 말고 조금씩 나아지는 과정으로 수업을 바라보고 학생들의 작은 변화를 관찰할 수 있는 공간으로 교실을 살필 때 학교교육과정은 완성될 수 있다.

〈교육과정 실행 노트〉

　　교육과정 실행은 끊임없이 변화하는 과정이기에 유연한 사고 과정이 필요하지만 목적을 잃어버리지 않아야 합니다. 목적은 실행을 이끌어가는 방향을 제시합니다. 이를 위해 교육과정 노트를 사용할 수 있습니다. 주제별 또는 통합단원별 설계의 방향성과 과정을 잃어버리지 않고 큰 틀에서 교육과정을 실행할 수 있습니다. 이는 주간학습 안내와 같은 차시별 활동을 체크하며 진도를 파악하는 것이 아닙니다. 각 교과의 단원에서 꼭 이루어져야 하는 핵심 활동만 정하고 차시별 수업 활동은 학생들과 상호작용하며 조정하거나 같은 학년 교사들과 협의를 통해 수정할 수 있도록 합니다. 실행노트에 작성된 활동은 지워지기도 하고 다른 활동으로 대체되기도 하며 추가되기도 합니다. 따라서 학생들의 활동 안내도 주간학습보다 월간학습 또는 주제별학습안내로 제시하면 효과적입니다.

교육과정 실행, 교사로서의 삶을 사는 것

　　학교교육과정을 실행한다는 것은 수업을 하는 것이다. 그러나 그동안의 수업에 대한 개념은 교육과정 실행으로서가 아니라 한 차시의 수업이었다. 흥미 있는 내용과 많은 활동을 수업 속에 포함하려고 노력했으나 이러한 한정된 개념 때문에 수업 간 맥락은 부족했다. 교육과정을 실행하는 것, 즉 교육과정을 한다는 것은 맥락이 있는 수업을 하는 것이다. 간단해 보이지만 이는 기존에 자신이 하던 수업의 대전환이다. 한 차시 활동을 위해 다양한 자료를 만들거나 공유된 자료를 사용하는 것이 아니라 긴 주제와 단원에 적합한 활동을 설계해야 하는 것이다. 그래서 학교교육과정 실행은 어렵다.

　교사들은 전문적학습공동체에 적극적으로 참여하고, 수업 나눔을 성장의 기회로 생각하며 계획된 교육과정을 수시로 수정하는 것을 두려워하지 않아야 한다. 게다가 누군가는 학교 행정업무를 지원하는 일을 하는 시스템을 구축할 필요도 있다. 이것은 누군가 해주는 것이 아니라 학교 구성원 모두가 함께할 때 잘 할 수 있다.

　수업은 어려운 일이다. 학교교육계획을 최선을 다해 짰으나 수업으로 이어지지 않았던 이유는 수업 자체가 어렵기 때문이다. 학교교육과정은 교사로서 우리가 늘 해오던 수업을 하는 것이지만 기존의 수업과는 다르다. 한 차시의 수업의 완성으로 끝나는 것이 아니라 긴 과정 중 하나로서 이루어지는 수업은 시작과 끝에 대한 그림을 갖고 하는 수업이다. 따라서 학교교육과정으로서의 수업은 불확실하고 복잡하며 낯설다. 그러나 이 어려운 일을 해내는 방법은 의외로 간단하다. 바로 시작해 보는 것이다. 변화는 요란스럽게 오지 않는다. 시작함으로써 변화는 이루어지고 함께 함으로써 해내게 된다. 교육과정과 수업에 대해 지혜롭게 답할 수 있고, 지식을 축적할 수 있지만 행동하지 않는 지혜와 지식은 쓸모없다. 교육과정 실행은 학교 구성원의 지혜와 지식을 행동으로 옮기는 것이다. 그것은 교사로서 삶을 살아가는 과정이다.

계획했던 시간보다 훨씬 많은 시간이 소요되었을 때?

계획된 교육과정의 실현이 지연되는 이유는 크게 두 가지로 볼 수 있다. 첫째, 계획이 잘못되어 학생들과 교사들이 감당하기 어려운 수준일 수 있다. 이를 해결하기 위해서는 계획을 과감히 수정하여 활동을 축소하거나 대체 활동을 구안할 수 있다. 두 번째는 학생과 교사가 실행을 위한 기술이 부족한 경우이다. 이는 학생과 교사를 위한 기술 지원이 필요하다. 예를 들어 학생들이 컴퓨터 사용 기술이 부족하여 발표 자료를 제작하지 못하고 있다면 실행을 위해 프리젠테이션을 위한 차시를 단원에 포함시켜 재구조화할 수 있다. 무엇보다 중요한 것은 실행이 지연되고 있는 원인을 제대로 파악하고 그에 적합한 해결 방안을 찾는 것이다. 또한 교육과정의 전체적 맥락과 목적에 맞게 가고 있는지 점검하며 실행을 지속하는 것이다.

실행의 수준이 학년별, 학급별로 격차가 발생할 때?

같은 통합 단원(주제)을 여러 반이 함께 진행하면 반마다 나타나는 양상은 모두 다르다. 교실 속 맥락, 그날의 컨디션, 교사의 빌문 등 변화를 줄 수 있는 요소는 매우 많다. 똑같이 수업한 것 같은데 수업 결과물이 반마다 격차가 발생하는 경우가 있다. 이때 교사들은 서로의 수업이 무엇이 다른지 비교하기보다 학생들이 만들어 낸 결과물에 집중하기 쉽다. 따라서 실행 수준에 차이가 있을 때 교사들은 학생들의 결과물을 교사 자신의 것으로 동일시하지 않는 것이 필요하다. 또한 교사로서 단원의 목적이 무엇이었는지에 초점을 맞추고 우리 반 학생들의 문제가 어디에서 오는지 파악해야 한다. 이를 위해 동료 교사들의 말에 귀 기울여 설계를 수정하고 다시 해보는 실행의 과정을 거쳐야 한다.

학교교육과정 실행에서 관리자의 역할은?

많은 관리자는 교육과정 실행의 어려움을 지원하고자 노력한다. 그러나 그 지원이 효과적이지 않을 때가 많다. 이는 실행의 어려움을 기술적 어려움으로 단순화시키거나 잘못 해석함으로써 발생한다. 실행에 어려움을 겪는 교사와 학급을 지원하기 위해 기술을 알려주면 된다는 해석은 오히려 교사들을 위축시키거나 자존심을 상하게 할 수 있다. 이때 관리자는 어려움을 겪고 있는 학년 또는 학급을 만나 그들의 요구를 들어볼 필요가 있다. 또한 그들이 직접 말하지 않지만 몸짓, 시선, 감정, 에너지 등으로 표현하는 신호에 관심을 가져야 한다. 사람들이 실제로 행동하는 것과 마음속의 신호는 다를 수 있다. 어려움을 겪는 구성원들의 스트레스가 지속되면 그들은 시도하지 않고 시간을 흘려보내거나 잘못된 원인을 찾아 더 어려움에 빠져드는 악순환을 반복한다. 따라서 관리자는 겉으로 보이는 문제에 집중하지 말고 보이지 않는 구성원들의 보이지 않는 신호를 찾기 위해 끊임없는 소통을 시도해야 한다.

4 성찰: 우리의 사진들을 펼칠 시간

학교교육과정 프로세스

문제발견 ⟶ 계획 ⟶ 실행 ⟶ **성찰**

실행의 치열함을 거친 학교의 구성원들은 지나온 길을 되짚는 시간을 갖는다. 1년 동안 찍었던 사진들을 펼쳐놓고 한 장 한 장 살피는 시간이다. 사진 속에는 빙그레 웃음 짓게 되는 순간, 보람이 느껴지는 순간, 후회로 남는 순간들이 담겨 있다. 정리되지 않은 사진들을 펼쳐놓고 있으면 어수선하긴 하지만 돌아봄의 시간을 지내고 나면 자신에게 그냥 흘러갔을지 모를 순간들이 의미 있는 기억으로 남게 된다.

학교교육과정의 성찰에서는 학교에서 계획하고 실행한 교육과정에 대해 가치 판단을 하고 의미를 부여하는 의식적인 행위가 이루어진다. 교육과정의 계획과 실행을 거치면서 구성원들이 경험한 교육과정의 가치가 무엇인지를 발견하고 공유하는 평가의 시간이라고 할 수 있다. 교육과정의 가치란 구성원들이 왜, 무엇을, 어떻게, 얼마나 깊게 경험했는지 스스로 돌아보는 과정을 통해서 발견된다. 그리고 그렇게 발견된 가치는 개인과 공동체의 내러티브를 형성함으로써 개인과 공동체의 정체성에도 영향을 미친다.

이 과정에서 공동체 구성원 모두가 참여하여 서로에 대한 격려를 나눔으로써 학교 공동체는 성장하게 된다. 이때 학교 구성원은 효능감을 느끼게 되는데 이것이 학교에 대한 만족감과 소속감을 높이며 이어질 교육활동에 대한 새로운 동력으로 작용한다.

1년간의 학교교육과정을 돌아보는 성찰의 시간은 학년말에 이루어진다. 교사들의 협의회, TF팀의 협의회, 학생으로부터의 피드백, 학부모와의 협의회 등이 기간 동안 여러 차례의 반성과 성찰의 시간을 갖는다. 교육과정의 평가를 통해 학교의 문제가 발견되기 때문에 문제발견과 성찰은 거의 동시에 진행되면서 자연스럽게 서로 교차되는 계속적인 순환 과정 위에 놓이게 된다.

성찰을 통해 비로소 완성되는
학교교육과정

계획된 교육과정, 실행된 교육과정은 성찰의 과정을 통해 경험된 교육과정으로 재구성된다. 따라서 학교교육과정은 성찰의 과정을 거치면서 비로소 완성된다고 할 수 있다. 학교교육과정을 만들어가는 교육과정이라고 하는 이유는 구성원들의 교육적 판단에 따라 창의적으로 구성되는 학교교육과정의 기본 특성 때문이다. 학교교육과정을 바탕으로 학년, 학급 교육과정 계획을 수립하고, 학생, 학부모 등 학교 구성원들의 요구를 반영하여 교육과정을 실행하며 종국에는 어떤 교육과정이 실현되었는가를 평가하고 성찰하는 과정을 거치면서 학교교육과정을 완성하게 된다.

학교교육과정의 설계가 통합성에 근거하고 있는데 반하여 학교교육과정의 성찰은 다양성으로부터 출발한다. 각자에게 경험된 교육과정은 학급과 개인의 특성에 따라 다양하게 내재화된다. 각자의 역할과 입장에 따라 맥락이 다 다르기 때문에 학교교육과정 개발과 실행과정에서 겪는 경험은 서로 다른 현상으로 인식된다. 따라서 개인은 인식과 경험의 대상인 학교교육과정에 대해 자신만의 의미를 부여하게 된다.

성찰의 출발은 다양하게 펼쳐지는 개인 성찰에서 시작되지만 함께 모여서 각자의 의미를 공유하고 소통하는 과정을 거치면서 의미가 재구성된다. 자신이 미처 보지 못했던 부분을 발견할 수 있는 협력적인 성찰 과정을 통해 구성원들은 자신이 발견한 의미를 수정하거나 새로운 의미를 덧붙인다. 이러한 의미의 재구성 과정에서 구성원이 함께 학교교육과정의 긍정적인 변화를 찾아내고 더 발전적인 교육과정을 위한 아이디어를 도출할 수 있다. 이처럼 각자의 의미가 공동의 의미로 재구성되는 경험은 개인 성찰에서는 느낄 수 없었던 집단적인 고양감으로 연결된다.

1) 공동체가 함께 성장하는 과정

성찰은 교육과정 현상에 대한 이해와 해석을 통해 교사가 전문성을 향상시키는 데 기여한다. 교사 전문성을 신장하기 위해서는 일상적인 경험이 아닌 새로운 경험을 통한 학습이 필수적이다. 교사들은 경험의 단순한 축적이 아닌 경험에 대한 계속적인 성찰과 학습을 통해 전문성을 획득하고 점진적으로 성장시켜 나간다.

> 공부를 공부같이 안했는데 공부가 더 잘 된다고 하더라구요. 그래가지고 아! 우리가 뭔가 하고 있는 게 검증을 받는구나 싶은 그런 느낌이 들더라구요. 옛날 같은 수업이 아니더라도 아이들이 배움을 얻을 수가 있구나. 이것도 괜찮은 방법이네 라는 생각이 들면서 약간의 거부감, 처음 해보는 거라서 느껴지는 괴리감이 좀 없어졌어요. 이렇게 조금씩 갈 수도 있겠다는 생각이 드는 게 점점 달라지는 것 같아요.
>
> (G교사 심층면담 중에서)

성찰은 불분명하고 일관성이 없는 상황에 일관성을 부여함으로써 파편적인 사건의 조각들을 질서 있는 의미덩어리로 조직한다. 성찰을 통해 교사들은 자신들의 교육과정 실행 중에 있었던 갈등, 걸림돌, 이를 해결하기 위해 썼던 방법들을 되돌아보게 된다. 이처럼 전문가로서 자신의 행위를 반성적으로 성찰함으로써 경험을 학습으로 전환하게 되는데 이것이 전문성 신장의 핵심 기제로 작용하게 된다.

또한 성찰은 학교 전체의 변화와 성장을 가능하게 한다. 성찰을 통해서 교사들은 자기 정체성에 관해 근본적인 질문을 던지게 되고 학교의 기존 시스템에도 의문을 가지며 도전하게 된다. 이와 같은 도전을 통해 학교는 제도와 절차를 수정·보완하며 새로운 시스템을 만들어간다. 이처럼 성찰은 교사들이 학교의 가치를 분석하고 의미를 발견해서 더 나은 변화를 위해 문제를 제기하는 등 학교 변화의 촉매제로서 학교의 성장에 기여하게 된다.

- 동료장학이 짧게 끝나버리는 상황이 생김.
- 1주에 1번씩 수업해서 사전 협의를 통해 5개의 수업을 한 효과가 있었음.
- 하나의 틀에 맞추지 않았으면 함.
- 협의만으로는 적용의 방법을 알 수 없기 때문에 수업에 적용된 모습을 직접 보는 것이 필요함.
- 기본적인 방향은 동료장학이 의미가 있는 활동이어야 한다는 것.
- 이상적인 방향은 동료장학의 주간이 따로 없고 수업 초대의 의미로 가야한다는 것.
- 형식적인 공개가 아니라 수업의 의미에 대해 천천히 생각해볼 수 있는 시간이 되었으면.

(20○○ 2학기 교육과정 지원팀 성찰협의록 중에서)

위의 사례에서 교사들은 동료장학을 운영하면서 느꼈던 문제점에 대해 되돌아본다. 문제 제기 과정에서 교사들은 본인의 수업을 공개하는 것에 대한 어려움과 동료 수업에 대한 참관 욕구가 동시에 존재함을 발견한다. 이를 통해 형식적인 수업 공개가 아니라 일상적인 수업 초대를 시도할 수 있는 발판을 마련한다. 이처럼 자율적인 과정을 바탕으로 학교의 중요 사안을 결정하는 경험을 통해서 자율성은 개인이 아니라 공동체가 상호 협력할 때 발휘될 수 있다는 것을 알게 된다.

학교가 협력적인 문화를 바탕으로 서로에게 아이디어를 얻고 도움을 구하는 데에 개방적으로 되면 교사의 전문성과 자율성을 바탕으로 학교교육과정의 실질적인 개선을 도모할 수 있는 방향으로 나아갈 수 있다.

시기	내 용	방법
12월 중순 ~ 12월 말	■ 20○○학년도 학교교육과정 성찰 TF팀 조직 – 학년 및 업무 성찰협의회 시 집중적으로 살펴보아야 할 내용 및 일정 협의 ■ 20○○학년도 학년 성찰협의회 – 교육과정과 수업, 학생자치와 생활교육, 학생 평가, 특성화 교육(독서인문, 문화예술, 생태진로, 민주시민 등), 전문적학습공동체, 학교의 민주적 운영 /공동체로서의 학교(교사) 문화 등 ■ 20○○학년도 업무 성찰협의회 – 학년 교육활동을 돕는 업무지원, 마을교육공동체, 진로교육, 각종 연수, 전문적학습공동체, 수업나눔, 문화예술교육, 기초학력, 과정중심평가, 상담, 학생자치, 정보/스마트 교육 등 ■ 20○○학년도 교직원 전체 성찰협의회 – 학년 성찰협의회와 업무 성찰협의회에서 건의된 협의 주제, 전체 격려회, 신입 교원 소감 나눔, 저경력 교사 소감 나눔 등	소그룹 나눔 전체 공유 전체 나눔

〈성찰협의회 일정〉

성찰협의회에 정해진 절차와 형식이 따로 있는 것은 아니나 업무 성찰협의회(이하 업무 협의)를 별도로 진행하는 것이 좋습니다. 업무 추진 담당자가 관련 구성원들을 소집하여 진행하는 업무 협의에서는 업무 평가, 건의사항이나 개선점, 전체 성찰협의회에서 의논해야 할 주제 등을 협의합니다. 이때 업무 담당자의 마음가짐이 중요한데 담당자가 협의회에서 거론되는 내용에 대해 본인을 개인적으로 비난하거나 평가하는 것으로 받아들이지 않아야 합니다. 또한 모임의 분위기를 잘 조성하여 집중적인 업무 협의가 가능하도록 협의 참가자의 자유로운 발언을 이끌어냅니다. 협의 결과는 평가서에 정리하여 전체에 안내함으로써 협의회가 좀 더 원활하게 될 수 있도록 합니다. 업무 협의와 학년 협의가 내실 있게 운영되면 학교의 전체 성찰 협의 스케줄이 의미 있게 운영되는 데에 큰 도움이 됩니다.

2) 학교 구성원의 효능감

성찰 단계에서 학교 구성원들은 효능감을 느끼게 된다. 교사들은 성찰 단계에서 교사 효능감의 향상을 체감하게 된다. 업무 수행에 필요한 다양한 능력에 대해 종합적으로 판단한 결과 나타나는 자신에 대한 확신을 교사 효능감이라 한다. 효능감이 높은 교사는 가르치는 일을 중요하게 여기며 자신이 학생들의 학습에 중요한 영향을 미칠 수 있다고 생각한다. 어려운 상황에서도 열심히 노력하는 책임감을 가지고 효과적인 교수법을 찾아 실행하며 과정에서 성취감을 얻는다. 학교교육과정을 실행하면서 수많은 경험을 하고 그 경험에서 어떠한 의미를 발견하게 될 때 교사들은 그 의미를 효능감으로 연결시킨다. 효능감을 느끼는 교사들은 자신의 축적된 지식과 경험을 바탕으로 더욱 효과적으로 교육과정을 수정·보완하여 현장에 적합한 방식으로 적용하게 된다.

> 선생님들이 그런 말씀을 하세요. 업무는 없는데 지금이 더 바쁘다. 바빠도 기분은 좋다. 교육과정에 집중할 수 있기 때문에...
>
> (B교감 심층면담 중에서)
>
> 우리 이거 너무 잘하지 않았느냐고 만날 와서 자랑을 하세요. 이제 그만 좀 오라고 장난치듯 대답하죠. 선생님들이 교무실에 자꾸 와서 이야기하고 우리가 한 거 좀 와서 보라고 하세요.
>
> (C교무부장 심층면담 중에서)

교사 효능감이 높은 교사들이 많은 학교는 교육력이 강화되고 교육에 대한 만족도가 높아진다. 학교교육과정을 자랑스러워하며 교사들이 학생들을 아끼고 사랑한다고 믿는 학부모들은 학교에 대한 신뢰를 바탕으로 적극적으로 교육활동에 참여한다. 그 과정에서 내 아이만 챙기는 게 아니라 반 전체, 학년 전체, 다른 학년의 아이들까지도 챙기게 된다. 학교에 대한 학부모의 지지는 학교가 다양한 학부모 활동을 통해 학교에 대해 신뢰할 수 있는 노력을 기울이면서 강화되고 확대된다.

1. 학교의 변화는?

• 밖에서 다른 학교 학부모님들을 만나면 우리 학교를 부러워해서 어깨가 으쓱해진다.

• 아이가 학교에 가고 싶어 하고 집에 있을 때보다 학교에 있을 때 더 행복해하는 표정이다.

• 스스로 계획하고 다녀온 현장 체험 학습을 많이 뿌듯해한다.

• 선생님들이 아이들을 따뜻하게 대해준다.

• 교과서의 지식을 배우는 게 아니라 아이들의 삶에서 정말 필요한 것들, 실천할 수 있는 것들을 배운다.

• 교육과정의 변화로 아이들이 달라지고 다양한 체험 활동들로 아이들의 사고가 확장되었다.

2. 학부모의 변화는?

• 입학 전 아이가 얼마나 잘 적응할 수 있을지, 학교생활은 잘 할 수 있을지 걱정이 많았는데 입학 후 선생님들의 노고와 한결같은 사랑으로 걱정되는 마음이 사라졌다.

• 다들 바쁘신 가운데 학부모 모임이나 기타 활동에 정말 많은 분이 적극적으로 참여해 주시고, 각자 자기 자식들만 챙기는 게 아니라 다른 아이들도 챙기는 모습에 감동받았다. 이기적인 학부모가 아닌 더불어 사는 이웃이 된 것 같다.

(20○○학년도 학부모 교육과정 성찰협의록 중에서)

교사와 학부모의 효능감은 학생들의 학교 만족도와 학습 효능감 향상으로 이어진다. 학생의 학습 효능감은 학습활동의 수행에 대한 자신의 기대나 신념을 뜻하는데 학습 효능감이 높으면 자신이 학업적으로 유능하다고 지각하게 된다. 학습 효능감은 많은 양의 지식을 습득했을 때보다 자신이 가진 지식이 실생활에 적용될 수 있는 전이 가능성을 가지고 있을 때, 실제적인 과제를 해결하면서 성취감과 성공 경험을 했을 때 더 많이 향상된다. 따라서 학생들에게 주어지는 과제가 쉽게 해결 가능할 때 효능감이 높아지는 게 아니다. 쉽지 않은 과제지만 드디어 해결했을 때 효능감을 얻게 되며 문제를 해결하는 과정에서 교사·친구들과의 협력을 몸으로 체득하게 된다.

6학년 올라와서 제일 기분이 안 좋았던 건... 5학년까지는 공부를 꽤 잘 한다고 생각했는데 이제 프로젝트로 뭘 하다 보니까 내가 공부를 잘 하는 건가, 못하는 건가 그게 막 헷갈려지는 거예요. 전에는 나보다 못한다고 생각했던 친구들이 나보다 잘하는 게 많은 것도 같고요. 근데 시간이 좀 지나고 나니까 아... 이게 진짜 공부구나, 나도 이런 걸 잘하는 사람이구나, 몰랐던 것도 알게 되면서 기분이 좋아졌어요. 이젠 친구들도 함부로 무시하지 않게 됐구요. 나에 대해서도 깊이 생각해보려고 노력해요. 전보다 내 매력을 더 잘 알게 됐다고 해야 할까요.

(L학생 심층면담 중에서)

성찰 과정을 통해 교사들은 학생과 학부모의 피드백을 받고 자신의 교육적 행위의 의미를 발견하며 교육적 실천에 대한 자신감을 갖게 되기도 한다. 더욱 중요한 것은 교사가 개발하고 실행한 교육과정이 학생들에게 어떻게 실현되었는지를 알게 된다는 점이다. 실현된 교육과정이란 학생들이 실제로 갖게 되는 경험이나 성취를 말한다. 교육의 목표가 교과를 가르치는 것을 넘어서서 학생을 가르치는 데에 있다면 학생이 교육과정 실행의 결과로 무엇을 경험했고 그 경험에 어떤 의미를 부여하고 있는지가 중요한 관심의 대상이 된다.

학교비전을 바탕으로 교육내용과 방법을 선택하고 실행하는 학교교육과정은 그 선택을 할 수 있는 자발적 의지를 가진 교사들이 있기에 가능하다. 따라서 성찰협의회는 책무성의 관점보다는 참여하는 주체들 간의 자율성을 저해하지 않는 방향에 집중할 필요가 있다. 학교교육과정 실행의 주체인 교사의 효능감을 높이기 위해서는 교육과정에 대해 자율성을 가질 수 있도록 지지하고 지원해야 한다. 이처럼 참여 주체들의 자율성을 중심에 놓고 성찰협의회가 진행될 때 학교교육과정의 실질적인 개선에 도움을 줄 수 있는 성찰의 과정을 밟을 수 있다.

〈20○○학년도 1학기 교육과정 성찰협의회를 위한 워드클라우드〉

위의 워드클라우드는 학년 협의록의 주요 키워드를 모아 본 것입니다. 이 키워드들을 보면 학교가 어떤 부분에 가치를 두고 있는지 알 수 있습니다. 초등학교에서 시행하던 학년 협의록 제출 관행은 현장에서 사라진 지 이미 오래입니다. 단순 전달과 행사 역할 분담 정도에 그치던 학년 협의 문화에서는 협의록 작성 자체가 의미 없는 업무에 불과했습니다. 그러나 자율성을 바탕으로 학교교육과정을 창안해 가는 학교의 경우에는 학년 협의를 통해 교육과정의 내용과 방법을 결정·조정하며 실행과정에서 생기는 문제들에 대한 성찰을 기록합니다. 따라서 협의 내용을 기록하고 공유하는 것이 큰 의미를 가지게 됩니다. 학년 협의록에서 주로 이야기되어졌던 말들을 모아 성찰협의회를 진행하면 실행의 과정에서 발견할 수 있는 의미로부터 변화와 성장을 포착하여 교육과정에 대한 효능감을 갖게 됩니다.

의례적인 학교평가에서 의미 있는 학교평가로

학기말과 학년말에 진행되는 성찰은 문제발견과 동시에 이루어진다. 문제발견이 토론을 통한 과제 발견과 해결 방안 탐색에 초점이 있다면 성찰은 토의를 통해 두루 살피는 진단과 평가에 초점이 있다. 그렇기 때문에 성찰에서는 펼쳐놓았던 사진들 중에 어떤 뭉텅이가 통째로 빠지는 일이 없이 두루 살피는 일이 가장 중요하다.

학교의 일을 두루 살피기 위해서는 의미 없이 치르던 학교평가를 제자리에 되돌려놓는 일이 시급하다. 지금까지는 평가를 한다고 하면 좋고 나쁨을 판단해서 줄을 세운다는 부정적 인식이 많았다. 그러나 본래의 평가는 특정 대상에 대해 판단하는 게 아니라 교육활동의 한 측면으로서 교육의 효과를 높이는 데에 그 목적이 있다. 학교평가란 학교의 교육목표가 학교교육과정을 통해 얼마나 잘 실현되고 있는지 알아보기 위해 교직원들이 자율적으로 참여하는 집중적인 자료수집 과정이다.

평가 기준과 문항의 타당성이 부족하게 되면 학교의 특수성과 맥락을 반영한 자료수집이 어려워진다. 따라서 우리 학교의 학교평가가 어떤 목적을 가지고 어떻게 진행되어 왔으며 어떤 성과를 가져왔는지를 점검한다. 그리고 앞으로 어떻게 학교평가를 진행하면 좋을지 구성원이 함께 모여 숙의의 과정을 거쳐야 한다. 이러한 숙의 과정을 통해 우리 학교에 맞는 평가 기준과 타당한 문항을 개발하는 것이 필요하다.

영역	학교평가 점검 내용	척도(5점)
계획	우리 학교는 자체평가 기본 계획을 구체적으로 작성하였다. 우리 학교 교직원은 자체평가 기본 계획을 공유하였다. 우리 학교는 자체평가 목적에 따라 평가를 실시하였다.	1=전혀 그렇지 않다 2=그렇지 않다 3=보통이다 4=그렇다 5=매우 그렇다 (5점 척도)
실행	학교 자체평가 관련 교직원 연수가 도움이 되었다. 학교 자체평가위원회는 교직원협의를 통해 구성되었다. 학교 자체평가 지표의 평정기준이 명확하였다. 학교 자체평가 지표 분석을 위한 자료 수집이 충분하였다. 학교 자체평가는 사실에 근거하여 객관적으로 이루어졌다.	
결과 활용	학교 자체평가 결과에 대해 교직원이 공유하였다. 학교 자체평가 결과에 대한 개선사항 분석이 이루어졌다. 학교 자체평가 결과를 문제 발견 과정 토론에 반영하였다.	
만족도	학교 자체평가는 학교교육 개선에 도움이 되었다. 학교 자체평가 과정에 대하여 전반적으로 만족한다.	

〈학교평가 점검 요인, 강대식, 2018〉

1) 의미 있는 학교평가를 위하여

학교평가는 학교교육의 질을 높이기 위한 목적 달성을 위해서 학교의 모든 측면을 대상으로 한다. 교육활동 외에도 학교의 인적 자원, 물적 자원, 시스템 전반과 학교를 둘러싼 환경도 대상에 포함시키는 것이 좋다.

세부 영역	하위 요소
학교운영구조	교육목표, 업무분장, 권한/자원배분, 의사결정, 인사공정성
리더십 및 행정지원	교장지도성, 직원역량, 학교개선관리
학생의 교육적 성장	학습동기, 자기주도학습, 진로의식, 민주시민의식, 학업성취
교육활동	교육과정, 수업의 질, 수업개선, 교사효능감
교사문화	협력, 헌신, 사기, 혁신, 신뢰
학부모, 지역사회 등 환경	학부모 참여, 지역사회 협력, 시설, 안전

〈학교조직 진단도구 개발 연구, 박수정 외, 2018〉

학교평가는 개인 활동이 아니라 다수에 의해 수행되는 협력 활동이다. 교육 과정 개발과 관련된 의사결정의 자율성이 큰 학교교육과정 운영에 있어 내실 있는 학교평가는 필요충분조건이라고 할 수 있다. 학교평가의 목적이 교육활동 종합 보고서 작성에 있지 않기 때문에 순환 과정의 중요한 한 부분임을 인식하는 구성원들의 적극적인 협력이 필요하다. 이를 위하여 세부 영역과 하위 요소, 문항 선정, 평가 기준 마련에 있어서 구성원 여럿이 참여하여 아이디어를 다듬을 수 있는 기회를 만든다. 의미 있는 학교평가로 만들기 위해 관심과 지혜를 모으는 과정을 거쳐야 한다.

학교평가는 구성원이 함께 학교교육의 의미를 발견하여 성장할 수 있는 기회를 제공하고 교육활동에 있어 올바른 의사결정을 하도록 돕는다. 이처럼 학교평가는 학교 교육활동의 한 영역으로서 학교교육을 내실 있게 운영하고 성장·발전시킬 수 있는 기초를 제공한다.

2) 학교교육과정을 평가하다

학교교육과정을 평가하는 일은 학교교육과정의 개선에 있어 중요한 의미를 차지한다. 이때 현재 시행 중인 학교평가와의 중복 부분을 어떻게 해결할 것인지는 논의가 필요하다. 학교평가를 학교교육과정 평가로 대체하는 방안을 떠올릴 수 있으나 학교교육을 두루 점검하고 살핀다는 학교평가의 의의를 포기하기 어려운 부분이 있다. 다만 교육과정을 중심으로 학교를 운영한다고 했을 때 학교교육과정에 대한 내실 있는 평가는 필수적인 조건이다.

지금까지 수업 협의회와 성찰 협의회에서 다뤄 왔던 교육과정에 대한 질적 평가들은 우리가 계획하고 실행한 교육과정이 어떻게 실현되었는지를 알 수 있는 중요한 평가 자료가 되어 왔다. 다만 질적으로 논의되었던 귀중한 평가가 의미 있게 반영되기 위해서는 보다 체계적인 정제 작업이 필요하다. 따라서 학교 구성원의 공감대를 형성하고 최소한의 에너지를 사용하여 최대치의 효과를 끌어낼 수 있는 교육과정 평가의 방안을 마련할 필요가 있다. 그러기 위해서는 학교 내에 평가 관련 전문성을 담보할 수 있는 상시적인 단위가 필요하다. 학교 내 업무 배분에 있어서도 평가 관련 업무를 총괄하여 추진할 수 있는 평가 담당자의 위상을 높일 필요가 있다. 인적 자원의 배분에 있어 어떤 부분에 집중할 것인가를 잘 판단하는 것이 학교교육의 질을 제고하는 데 있어 중요한 기준이 되어야 한다.

학교교육과정 평가는 다양한 방법을 적절히 활용하여 학교교육과정의 계획,

실행, 성과, 구성원의 만족도 등이 포함된 교육과정 평가 기준을 만들고 문항을 자체 개발하여 실시하는 것이 바람직하다.

학교교육과정 시행의 과정에서 교육과정에 관한 교사의 관심은 실행에 강력한 영향력을 발휘한다. 교사의 관심을 중심으로 한 새로운 교육과정 실행의 모형이면서 평가 모형인 관심 중심 실행 평가 모형(Concerns-Based Adoption Model: CBAM)이 있다. CBAM은 교사들이 실제로 어느 정도를, 어떤 형태로 실행하고 있는지를 평가하고 평가 결과에 기초해서 효과적으로 변화를 촉진할 수 있는 지원 방안을 마련한다. CBAM의 장점이 여기에 있다(Hall &Hord, 2006).

평가영역	평가 준거		평가 요소(평가지표)
관심단계	자신	0단계. 지각적 관심	00에 대해 알고는 있으나 관심이 구체화되어 있지 않음
		1단계. 정보적 관심	거부감 없이 일반적인 특성, 효과, 조건 등에 관심을 가짐
		2단계. 개인적 관심	00에 인식하고 있으나, 자신의 능력, 역할 등에 확신하지 못함
	업무	3단계. 운영적 관심	00를 효과적으로 사용하는데 관심이 높음
	결과	4단계. 결과적 관심	00가 학생에게 미치는 영향에 관심이 높음
		5단계. 협동적 관심	00을 위해서 다른 사람과의 조정, 협력함
		6단계. 강화적 관심	00을 보다 개선할 수 있는 대안을 찾음
실행수준	0수준: 실행하지 않는 단계		거의 알지 못하고, 실행하지 않음
	1수준: 오리엔테이션 단계		알고는 있으나, 정보를 얻고 있는 중이며, 조건을 탐색하고 있음
	2수준: 준비 단계		실행할 계획을 하고 있음
	3수준: 기계적인 단계		시키는 대로, 주변에서 누구나 하는 대로, 체계적이지 못한 피상적인 상태로 하고 있음
	4수준: 일상회의 단계		안정적으로 하고 있음
	5수준: 정교화의 단계		효과를 더 높일 수 있는 다양한 실행 방식들을 시도함
	6수준: 통합의 단계		실행 중인 다른 교사들과 협의·협동하면서 실행을 향상시킴
	7수준: 갱신의 단계		나의 실행의 질을 평가하고 보다 효과적인 대안을 찾아서 검토함

평가영역	평가 준거	평가 요소(평가지표)
실행형태	1. 내용	사용하는 교과, 교재, 교구 상황
	2. 교수법	주로 사용하는 교수 전략, 교수학습 방법, 교수법
	3. 학생평가	학생의 학습 상태나 내용을 어떻게 기록하는 방식
	4. 학생 및 학습진단 조직	학습 집단 및 학생 조직을 어떻게 구성하는 방식
	5. 시간 전략	수업 시간을 어떻게 운영하며, 얼마나 할애하는 정도

〈CBAM: 세 가지 영역의 평가〉

CBAM: 관심 단계와 실행 수준에 따른 지원의 초점

[단계0] 지각적 관심 단계에 대한 지원

가능하다면, 교육과정 혁신과 그 실행에 관해 논의하고 의사결정에 교사를 참여시킨다.

질리지 않게, 흥미를 나타낼 정도의 정보를 준다.

잘 알지 못하는 것이 정상이며 어떤 질문도 할 수 있다는 것을 알려준다.

잘 알지 못하는 교사와 잘 아는 교사를 짝을 지워서 대화하게 한다.

헛소문과 부정적인 정보를 나누는 것을 최소화하도록 조처한다.

[단계1] 정보적 관심 단계에 대한 지원

정확한 정보를 제공한다.

구두, 서면, 매체, 개별, 소규모 집단, 대규모 집단 등 다양한 방법으로 정보를 제공한다.

실천 중인 학교를 방문한다. / 현재의 것과 차이점과 유사점을 찾도록 한다.

호감을 갖고 열심히 하는 사람을 알려준다.

[단계2] 개인적 관심에 대한 지원

관심이 다양하다는 것을 알려서 위안을 준다. / 개인적으로 논평하고 대화하도록 한다.

개인적인 관심을 맞출 수 있는 교사와 짝이 되게 해 준다. / 실천을 강요하기보다 기대하며 격려한다. / 변화가 급진적이라기보다 점진적임을 알려준다.

[단계3] 운영적 관심에 대한 지원

실천 요소와 절차를 명확하게 해 준다. / 작지만 구체적인 문제의 해답을 제공한다.

운영상의 문제점과 해결책을 제시한다. / 실천의 순서를 정하고 실천 시간을 배당하도록 도와 준다.

미래의 요구가 아니라 현재의 요소에 초점을 맞춘다.

[단계4] 결과적 관심에 대한 지원

실천하는 곳을 방문하여 협의회를 갖는다. / 그들이 요청하는 지원을 해 준다.

교사가 가진 노하우를 다른 사람과 나누게 해 준다.

[단계5] 협동적 관심에 대한 지원

협동해서 기술을 개발할 기회를 준다. / 협동하는 데 관심이 있는 사람들을 모은다.

협동의 지침을 만들도록 한다. / 이전의 단계에서 사람을 요청할 때 이 사람들을 활용한다.

관심이 없는 사람에게 강요하지 않는다.

[단계6] 강화적 관심에 대한 지원

더 나은 방법을 찾도록 격려한다. / 시도가 역효과를 내지 않도록 도와준다.

스스로의 관심을 해결하면서 실천하도록 돕는다. / 생각을 발전시켜 실천하도록 도와준다.

기존의 것을 바꾸어서 의미 있게 실천할 수 있음을 알려준다.

〈CBAM: 관심 단계에 따른 지원의 초점〉

① 관심 단계에 따른 지원의 초점

7단계의 관심도는 지각, 정보, 개인, 운영, 결과, 협동, 강화적 관심으로 구분되는데 단계는 서로 배타적이지 않다. 교사가 7단계 중 어느 단계에 있느냐 하는 것은 상대적으로 어떤 단계에 좀 더 높은 강도의 관심을 보이느냐에 따라 결정된다. 관심 단계는 발달적인 성격을 갖고 있으며 현재의 단계를 파악하여 지원 활동을 설계하는 데에 시사점을 제공한다.

실행 수준	지원 관점
0수준: 실행하지 않는 단계	공감할 수 있는, 관련 정보를 알 수 있는 연수를 제공.
1수준: 오리엔테이션 단계	실행 사례를 보여준다.
2수준: 준비 단계	실행계획을 작성하도록 컨설팅을 제공한다.
3수준: 기계적인 단계	한 가지 실행을 대상으로 삼아 자동화 할 수 있도록 안내한다.
4수준: 일상화의 단계	공식적 비공식적으로 평가하여 더 효과적인 것을 찾도록 한다.
5수준: 정교화의 단계	다른 교사의 노하우를 접하게 한다.
6수준: 통합의 단계	교사 공동체를 만들도록 돕는다.
7수준: 갱신의 단계	자신의 것을 개발하여 공개한다.

〈CBAM: 실행 수준에 따른 지원의 초점〉

② 실행 수준에 따른 지원의 초점

실행 수준은 새로운 교육적 시도에 임하는 행동을 표현하는데 초기 실행 수준에서는 여러 가지 면에서 문제가 자주 발생한다. 실행 수준은 실행하지 않는 단계,

오리엔테이션(탐색), 준비, 기계적, 일상화, 정교화, 통합, 갱신의 8단계를 거치게 된다. 실행 수준에 맞게 교육과정 혁신을 지지하는 학교 문화, 연수 및 전문적학습 공동체 지원, 컨설팅과 멘토링, 코칭 등의 지원 전략을 적절히 가동할 필요가 있다.

③ 실행 형태

실행 형태는 새로운 시도를 어떻게 실행하고 있는가에 대한 질문에서 출발한다. 교육과정의 실행 요소들을 확인하고 각 요소별로 양상을 파악하는데 그 요소란 교육과정 혁신에서 실행되어야 할 주요 부분을 의미한다. 대체로 교수자료, 교사 행동, 학생 행동을 근거로 구성되며 각 요소들은 실행 중에 관찰되고 변형되기도 한다.

지니 홀과 셜리 호드(Gene E. Hall & Shirley M. Hord)에 의하면 새로운 혁신 프로그램이 도입될 때 초기에는 그것의 정보에 대한 관심이 높으나 점차 실제 운영이나 결과에 대한 관심이 높아지는 점진적 수용의 경향을 보인다고 한다. 결국 실행 형태가 안정적으로 자리 잡았을 때 새로운 시도는 교사에게 내면화되어 능숙하게 변형 가능한 도구가 되었다고 볼 수 있다.

CBAM 모형에서는 관심의 단계나 실행 수준 자체를 좋거나 나쁜 것이 있다고 보지 않는다. 중요한 것은 어떤 상태에 있는지에 대한 정보를 가지고 지원의 방안을 찾도록 해 준다는 점이다. 관심과 수준을 강제로 이동하게 할 수는 없지만 적절한 지원을 제공함으로써 단계와 수준이 실천에 맞춰서 이동할 수 있는 환경을 만들어 간다. 지원은 외부에서 제공될 수도 있고 자신이 스스로 환경을 만들어 갈 수도 있다. CBAM 모형은 교육과정 실행의 모형이면서 동시에 평가 모형이며 공동체가 어떠한 지원 환경을 만들어 갈 것인지에 대한 구체적인 정보를 제공하는 데에 의의가 있다.

교사들은 예측하고 성찰하면서 교육과정을 실행해 간다. 예측은 분석적, 비판적 사고 등의 인지 기술을 이용하여 오늘의 행동이 미래에 어떤 결과를 야기할 것인지를 예견하는 것이다. 성찰은 선택하고 결정한 후 무엇인가를 행하면서 일어난다. 성찰적으로 실천하는 사람은 행위로부터 한 걸음 물러나서 또 다른 관점으로 상황을 보면서 입장을 정리한다. 그렇게 정리된 입장은 또다시 미래를 예측하는 기준이 된다. 이처럼 성찰과 예측은 책임 있는 교육과정 실행의 바탕이 된다. 교사들은 끊임없이 예측하고 선택하며 결정하고 행하면서 성찰한다.

교사들이 교육과정의 설계와 실행과정에서 만나게 되는 다양한 문제를 해결하고 적절한 예측과 성찰을 할 수 있으려면 학교교육과정에 대한 평가가 의미 있게 이루어져야 한다. 그런 의미에서 내실 있는 학교교육과정 평가는 교육 현장을 변화시키는 귀중한 에너지로 쓰일 것이다.

>> **이렇게 해 보았어요**

일정	학교교육과정 평가하기	비고
4월	<평가 준비> - 학교자체평가위원인 교원위원, 학부모위원, 외부위원, 학생위원별로 각자 역할을 차별화하고 적극 수행할 수 있도록 안내 - 교직원 연수 진행	
7월 → 2학기 계획에 평가 결과 반영	<업무별, 학년별 중간 평가> 1학기 본교 교육방향, 학생 교육활동, 학부모 참여교육, 교원 전문성 신장 노력, 학교 환경조성 등에 대한 주요 내용	정량평가 + 정성평가 평어 부여
	<학생, 학부모, 교원 대상 만족도 조사> 1학기 교육활동평가 및 2학기 계획을 보완하기 위한 교육활동 중간 평가 실시	만족도 조사 응답의 신뢰도를 높이기 위한 가정통신문 활용 (상세 안내)
12월	<토론 주제별로 4개 분과로 나누어서 1차 평가 진행> ■ 1분과: 전체 학사, 교육과정 지원, 독서교육, 성교육, 생태 등의 특색 사업 (교무부, 특수, 보건, 도서관, 복지, 행정·교무실무원) ■ 2분과: 기초 학력, 한글 문해력 교육, 인성교육 (인성부, 1·2학년군) ■ 3분과: 마을 교육, 영재교육, 진로교육 (과학부, 3·4학년군) ■ 4분과: 세계시민 교육, 학생 평가, 수업 나눔 시스템 점검 (연구부, 5·6학년군)	사회자, 기록자 협의록에 기록
	<학생, 학부모, 교원 대상 만족도 조사> 우수사항과 개선사항은 주제별로 정리	문항 타당도 검토 필요
	<전직원 평가 토론회> 차기년도 교육 계획 수립 시 기초 자료로 활용	

〈학교교육과정 평가 일정〉

학교교육과정 평가는 교육활동 전반에 대한 실태 분석과 문제점을 파악하기 위해 신뢰할만한 정보를 폭넓게 수집하는 것이 중요합니다. 만족도 조사 시에 신뢰도와 관련하여 제기되는 문제는 문항수가 너무 적을 경우, 내용과 상관없이 한 가지 답으로 일관하는 경우, 응답의 주체가 아닌 다른 주체의 의견이 반영되는 경우에 발생합니다. 이러한 신뢰도의 문제를 해결하기 위해서는 학교평가 시행 전에 평가의 취지를 잘 설명하고 학교의 교육활동에 대해 충분히 이해할 수 있는 기회를 주어야 합니다. 만족도 조사 시에 교육활동의 내용과 성과를 잘 정리해서 가정통신문 별첨 자료로 안내한다거나 동영상을 활용하여 홍보하게 되면 평가에 성실하게 참여할 수 있는 동기를 끌어올려 평가 신뢰도를 높일 수 있습니다.

교육활동별 진행 후의 소감 및 설문조사, 학생 자치활동을 통한 정보 수집, 학부모 학교 참여 유도를 통한 상시적 모니터링 등도 교육과정 관련 평가에 필요한 정보 제공에 활용할 수 있습니다. 이처럼 학교교육과정 평가는 학교교육의 가장 핵심적인 활동인 교육과정이 어떻게 실현되고 있는지를 살펴봄으로써 교육과정 실천에 탄탄한 힘을 불어넣어 줍니다.

성찰 단계에서 나타나는 어려움과 **TIPS**

진정한 격려와 불필요한 칭찬을 구분하려면?

학교 안의 누군가가 자신을 이곳에 없어서는 안 될 존재라고 추켜세우거나 회의에서 활약이 대단했다고 말한다면 그 말이 격려인지 칭찬인지 구분할 필요가 있다. 불필요한 칭찬은 개인적 공격만큼이나 주의를 분산시키는 강력한 힘이 있다. 불필요한 칭찬의 내용처럼 자신이 없어서는 안 될 훌륭한 존재라고 사람들이 믿기 시작하면 공동체에 도움이 안 된다. 사람들이 어떤 사람을 훌륭한 사람이라고 믿고 싶어 하는 이유는 자신이 직면한 어려운 과제를 그에게 떠넘기고 싶기 때문이다. 칭찬받은 사람이 할 일은 그 칭찬에 자신을 맞추어 더 훌륭한 사람이 되는 게 아니라 모든 구성원이 새로운 시도와 해결책을 제안할 수 있도록 책임감을 나누는 데에 있다. 학교의 변화와 성장은 구성원 각자의 역량을 키우는 것이지 의존성을 늘리는 게 아니다.

학년 교육과정 나눔 행사, 어떻게 하는 게 좋을까?

학년 교육과정 나눔 행사는 성찰 단계의 꽃이라고 할 수 있을 정도로 큰 의미를 가지고 있다. 학년 간 노하우를 전수하고 학생들의 연계성 확보를 위해 학년에서 1년간 계획하고 실행한 교육과정에 대해 정리하여 발표하고 공유하는 일은 매우 중요한 일이다. 그러나 이 행사 자체에 부담감을 가지고 거부감을 표현하는 경우가 많이 있다. 그 이유는 자칫 공유의 의미가 학년 간 활동 결과에 대한 경쟁으로 비춰질 수 있기 때문이다. 교육과정 나눔 행사가 학년 간 경쟁으로 비춰지면 성장과 공유의 장이 아니라 견제와 비교의 장이 되고 만다. 따라서 목표를 달성하면서도 운영의 묘를 살려 거부감을 낮출 수 있는 방안을 도입할 필요가 있다. 성공 사례 중심이 아니라 실패담 중심으로 공유하면서 학년별 꿀팁을 제시한다든가 결과 발표에 더하여 토의 안건을 함께 제안하도록 하는 것도 고려할 만하다. 학년에서 특히 관심을 가지고 목표로 삼았던 것이 무엇이었고 실제 학생들에게 어떻게 실현되었는지에 집중해서 발표하면 성과를 과시하는 게 아니라 나눔을 실천하는 것으로 인식될 수 있다. 어렵다고 피해갈 것이 아니라 꼭 필요한 일이라는 인식을 가지고 방법을 찾다 보면 의미 부여와 성찰, 아이디어 공유와 동기 확산을 통해 공동체가 함께 성장을 축하하고 격려하는 화합의 장으로 만들어 갈 수 있다.

학교교육과정 성찰에서 관리자의 역할은?

관리자는 학교 밖을 포함한 더 큰 그림을 보고 있으며 학교 내부를 보는 폭넓은 시각도 가지고 있다. 공동체 내의 다양한 구성원들로부터 피드백과 압력을 받고 있기 때문이다. 학교 공동체의 온도를 가장 잘 지각하고 있으며 공동체의 온도를 잘 조절할 수 있는 위치이기도 하다. 따라서 학교교육과정의 성찰 단계에서 관리자가 어떤 기조로 움직이는가가 학교 구성원들에게 큰 메시지로 다가갈 수 있다. 너무 뜨겁거나 차가운 온도는 공동체가 다 함께 서로를 격려하고 다음 단계로 나아갈 에너지를 모으는 데 방해가 된다.

리더는 발코니에 올라서 학교 전체를 볼 수 있다. 그리고 학교 바깥도 함께 살필 수 있는 자리이다. 교사들의 교육과정이 실제 지역사회와 학부모, 학생들에게 어떻게 실현되었는지를 해석하고 의미를 발견하는 일은 발코니에 올라서 학교교육과정 전체를 바라보는 관리자가 해야 할 중요한 역할이라고 할 수 있다. 리더로서 공동체의 가치 실현을 위해 메시지를 던져야 할 필요가 있다면 설계 단계가 아니라 성찰 단계가 오히려 더 효과적일 수 있다. 눈에 보이는 성과에 리더가 박수를 치면 그것 자체가 구성원들에게 비교와 경쟁의 메시지를 던지게 된다. 당장 눈에 잘 보이지 않지만 학교 안에서 학교 밖에서 우리의 교육과정이 어떻게 실현되고 있는지를 읽어주고 의미 부여하는 것에 리더의 메시지가 있으면 구성원들은 보다 긴 호흡으로, 진정한 공동체의 성장을 준비하는 마음을 가지게 된다. 리더는 당장 눈에 잘 보이지는 않지만 학교 안팎에서 우리의 교육과정이 어떻게 실현되고 있는 지를 읽어주고 그것에 의미를 부여해야 한다. 이러한 리더의 메시지는 구성원들이 보다 긴 호흡으로 진정한 공동체의 성장을 준비하는 마음을 가지게 한다.

그리고
흘러가게 하다

　교사들에게 교육과정을 한다는 것은 수업을 한다는 것과 같은 말이다. 교사는 어떤 내용으로 어떻게 수업을 할 것인가를 계획하고 그것을 실행하는 일을 일상으로 한다. 일상의 수업을 허투루 한 적은 없었으나 그 수업이 모여 좋은 교육과정이 되었을까?

　존 듀이(John Dewey)가 강조했듯이 교육과정은 듀이 교과 또는 학생만을 강조해서는 안 된다. 학생들이 배우는 교육내용, 즉 교과는 학생들의 삶을 발달시키는 소재이며 성장을 위한 토대가 된다. 그래서 교사는 학생들이 배우는 내용과 삶을 연결하기 위해 고민한다. 그 고민은 교육과정 문서를 만들어가는 계획에서부터 수업을 통한 실행, 실행과정에서의 성찰과 피드백의 순환을 지속하게 하는 원동력이 된다. 그 순환이 멈출 때 교육과정은 학생들의 삶과 괴리되고 문서에 갇히게 된다.

　앎과 삶이 하나가 되는 교육과정은 현재의 배움이 학생들의 삶을 변화시키는 것을 뜻한다. 또한 교육을 통한 앎이 삶의 공간인 세계를 변화시킬 힘을 갖는 것이기도 하다. 따라서 교육과정은 '지금, 여기'의 시간과 공간이 흐르는 학교에서 그 안의 '사람'들인 구성원들이 주체가 되어 만들어가게 된다. 학교교육과정은 학교에서 삶과 구성원의 이야기를 담고 그들에게 의미 있는 내용으로 구성되어야 한다. 삶을 담은 이야기는 학생들의 요구를 중심으로 아무런 계획 없이 만들어진 흥미 위주의 활동이 아니다. 삶이란 결코 활동의 단순 합이 아니기 때문이다. 삶을 산다는 것은 이야기를 쓰는 것과 같다.

　학생들은 학교에서 시간을 보내며 다양한 활동을 하지만 그 시간 속의 활동을 모두 의미 있게 여기지는 않는다. 의미 있는 삶은 자신의 이야기를 할 때 드러난다. 결국 학교라는 공간에서 이루어지는 시간표에 적힌 교과목은 결코 지식으로 존재할 수 없다. 따라서 학교교육과정은 삶의 이야기가 만들어지는 '살아감'이라고 할 수 있다.

　학교교육과정은 그래서 종결이 아니라 현재 진행형이다. 인간이 발달을 멈추지 않기에 배움은 계속되고 그 배움의 과정에 학교교육과정이 존재한다. 한 차시의 목표 달성, 1년이라는 학년과정, 6년이라는 졸업으로 끝이 아니라 삶을 살아가는 인생의 과정으로서 학교교육과정이 있다. 학교교육과정은 교과목의 체계로, 학습 내용으로, 활동으로 설계되어야 한다. 학교라는 공간에서 보내는 시간이 의미 있는 기회가 될 수 있도록 그 길을 잘 닦고 고치는 것이다. 기회는 경험할 수 있는 시간과 공간이 주어질 때 가능하다. 학교에서 학생들은 자신의 미래를 살아갈 힘을 가질 수 있도록 실수와 성공, 방황과 기쁨을 느끼는 경험을 쌓을 기회를 가져야 한다. 그래서 학교교육과정을 통해 삶을 배우게 된다. Plan A를 마련했으나 Plan B로 진행되는 학교교육과정은 매 순간 선택하고 결정해야 하는 예측 불가능한 삶과 닮아 있다. 교육과정은 미래의 준비를 위해 현재에는 의미 없지만 언젠가 필요할지 모르는 지식을 습득하는 시간의 견딤이 아니라 현재의 의미를 경험하며 미래를 살아가는 만남의 시간이다.

　이 과정을 통해 구성원 모두가 변화하게 된다. 학교교육과정은 작년과 같을 수 없고 옆 학교와 같을 수 없다. 교육과정은 그렇게 연결되지만 달라진다. 그 자연스러운 흐름 속에서 자신이 어디에 있는지 어떻게 가고 있는지를 알아차리며 성장하는 과정이 교육과정이다. 그 과정에서 교사는 학생들과 함께 있어준다. 철학자 고병권이 주장했듯이 '있어줌'은 '있음'과 '줌'이 공존한다. '있음'과 '줌'은 존재와 선물로 달리 표현할 수 있다. 학교교육과정의 전 과정에 교사는 학생과 함께 있으며 그 있음은 곧 선물이 되는 것이다. 결국 학교교육과정을 한다는 것은 공동체의 구성원 모두가 서로에게 있어줌이 되는 것, 그 시간이 기회가 되는 것 그리고 각자의 이야기를 써 내려가며 주인공이 되는 것이다.

참고문헌

강대식 외(2018). 학교평가 사업보고서. 한국교육개발원. 2018 - 120.

김태선, 이동철, 박향경, 김문정, 이현희 (2019). 교육과정 재구성 사례연구. 인 천교육정책연구소 현장연구보고서.

박수정 외(2018). 학교혁신을 위한 학교조직 진단도구 개발 연구. 교육행정학연 구, 36(4), 201 - 223.

Adapted from Knoster, T.(1991). Presentation in TASH Conference.

Bourdieu, P. (1984). *Distinction*. London: Routledge and Kegan Paul.

Cameron, K. S., & Quinn, R. E. (2011). *Diagnosing and Changing Organizational Culture: Based on the Competing Values Framework (3rd ed.)*. San Francisco: Jossey - Bass.

Denison, D. R., Spreitzer, G. M. (1991). *Organizational Culture and Organizational Development: A Competing Values Approach*. Research in Organizational Change and Development, 5, 1 - 21.

Hall, G. E., & Hord, S. M. (2006). *Implementing Change P Atterns, P Rinciples, and P Othles(2nd ed.)*. Boston, MA: Allyn & Bacon.

Katz, R., & Van Manen, J. (1977). *The Loci of Work Satisfation: Job Interaction and Policy*. Human Relations, 30, 469 - 486.

Lewin, K. (1948). *Resolving Social Conflicts: Selected Papers on Group Dynamics*. New York: Harper.

Meyer, H. (2011). 좋은 수업이란 무엇인가? *<Was ist guter Unterricht?>* (손 승남, 전창호 역), 서울: 삼우반. (원전은 2004년에 출판).

Quinn, R. E., & Kimberly, J. R. (1984). *Paradox, Planning, and Perseverance: Guidelines for Managerial Practice*. In Kimberly, J. R. & Quinn, R. E. (eds). Managing organizational transitions, 295 - 313, Homewood, IL: Dow Jones - Irwin.

학교교육과정을 하다

초판발행   2021년 3월 30일

지은이   강민진·김태선·안장수·이동철
               이은진·이지혜·전혜미
펴낸이   노 현

편 집   이은하
표지디자인   이미연
제 작   고철민·조영환

펴낸곳   ㈜ 피와이메이트
               서울특별시 금천구 가산디지털2로 53 한라시그마밸리 210호(가산동)
               등록 2014. 2. 12. 제2018-000080호
전 화   02)733-6771
f a x   02)736-4818
e-mail   pys@pybook.co.kr
homepage   www.pybook.co.kr
ISBN   979-11-6519-148-1   93370

copyright©강민진·김태선·안장수·이동철·이은진·이지혜·전혜미, 2021, Printed in Korea

정 가   12,000원

┌──┐
│   박영스토리는 박영사와 함께하는 브랜드입니다.   │
└──┘